나를 찾는 여행!

액티브 시니어 4

| 시니어플래너들이 전하는 가슴 뛰는 인생 2막 |

나를 찾는 여행!
액티브 시니어 4

김대정, 김선주, 강정은, 김영숙, 류창희, 이미숙, 이서정,
이순월, 이영애, 임상님, 정해선, 정혜숙, 최화자, 한정선

KSPCA 한국시니어플래너지도사협회 엮음

· 머리말 ·

저출산, 고령화, 장수 시대에 접어든 우리나라는 은퇴 후에도 40~50년을 더 살아야 하는 100대 시대를 맞이하고 있습니다.

한국시니어플래너지도사협회는 이렇게 다가오는 초고령사회 진입을 준비하고 개인의 행복한 삶, 삶의 질을 개선하는 방안으로 '시니어플래너지도사'와 '시낭송&문학테라피' 자기계발 교육과정을 개설하여 운영하고 있습니다.

강의내용은 인간관계, 건강, 직업(일), 여가를 기본영역으로 하며 그 외에 주거, 자산관리, 계획과 실천, 스피치 등 시니어에게 꼭 필요한 맞춤형 콘텐츠로 이뤄지고 있습니다. 강좌가 개설된 대학 평생(미래)교육원은 이화여대, 연세대, 동국대, 경기대, 안양대, 숙명여대, 계명대(대구), 제주대 등입니다.

2017년 7월에는 호주지부(시드니)를 개설하고 4박 5일에 걸쳐 교민들을 대상으로 협회 소속 교수진과 함께 생애경력설계(은퇴설계) 강의를 하기도 하였습니다.

또, 2018년도에는 서울본부(김대정/이정선/김선주)를 주축으로 강릉(최유정/최송자), 제주(김동훈/송승헌), 대구 수성(오영연), 창원(강학순), 용인(권혁복), 안양(허애리), 수원(송훈), 대전(심미경) 지부 신설과 함께 앞으로 협회는 소속 회원들의 복지를 위해 공공기관, 기업체 등 사회공헌 강의에 전력투구할 계획입니다.

같은 뜻을 품고 있지만 각기 다른 15명의 생각을 한 권의 책으로 묶기는 쉬운 일이 아니었습니다. 하지만 우리의 글을 통해 액티브 시니어 시대를 열고 그 변화에 함께하겠다는 각자의 일치된 다짐이 있어 가능했습니다.

아낌없이 자신의 옥고를 내어주신 필진 여러분과 언제나 든든한 힘이 되는 협회 회원께 감사의 말씀 전합니다.

끝으로 여러모로 부족한 점이 있지만 이 책이 액티브 시니어로서 제2의 인생을 펼치는 데 밑거름이 되어, 우리 사회의 액티브 시니어가 행복하고 이를 바탕으로 모두가 행복해졌으면 좋겠습니다.

2019년 3월
한국시니어플래너지도사협회 회장 김대정

· 차 례 ·

1장

인생 뭐 있어!
행복이 최고지

김대정

- 한국시니어플래너지도사협회 회장/교수
- 액티브시니어아카데미 대표
- 연세대, 이화여대, 동국대 등 평생교육원 출강

2차 성장을 위한 나의 도전

열정(熱情)은 '포기하지 않는 것'이라고 정의한다. 그래서 나는 지금 행복한 사람이다. 왜냐하면 나에게 열정이 있기 때문이다. 퇴사와 동시에 자영업을 시작한 나는 즐겁고 행복한 시절도 있었지만, IMF 구제금융 시기를 접하면서 큰 시련을 겪었고, 거기에 따라 많은 후유증도 경험했다.

고 정주영(鄭周永) 회장님의 〈시련은 있어도 실패는 없다〉라는 책 제목이 나의 인생 항로가 되기도 하였으며, 어록 중에 "해 보기는 했어"라는 말 또한 나에게 큰 자극을 주었다.

현재 나는 2차 성장을 하고 있다.

대학부설 평생교육원에서 '시니어플래너지도사과정'을 개설하여, 열정이 있고 유능한 수강생분들을 모시고, 생애재설계 강의를 하고 있다.

100세가 아닌 100대 시대를 살아가는 우리 사회 구조 속에, 얼마만큼 삶의 질과 행복한 삶을 살아야 하는지가 중요한 화두이며, 그중에 인간관계, 건강, 일(직업), 여가생활, 주거, 자산관리(경제) 등이 장수시대에 당면한 핵심문제이다.

지금 시작하는 사회초년생은 생애설계가 필요하지만, 50대 이상은 살아온 날보다 더 중요한 인생을 살아가야 하기에, 생애재설계가 필요하

며, 위 내용을 가지고 영역별로 체크하는 시니어플래너지도사과정을 진
행한다.

갑작스러운 퇴직! 준비된 은퇴!
당했든 맞이했든, 어쨌든 모든 것은 내 책임이기에, 남은 인생은 멋지
게 살아야 한다고 생각한다.
그를 위해 열정(熱情), 도전(挑戰), 2차 성장(成長)이 있지 않은가?

지금껏 가장 기억에 남는 강의는 한국시니어플래너지도사협회주관 호
주(시드니)에서 교민들 대상으로 한 생애재설계 강의이다. 많은 사연이
있겠지만 해외에서 열심히 살아가는 교민들 한 분 한 분이 열심히 강의
를 경청하셨던 모습이 떠오른다. 다시 한 번 교민들에게 감사의 마음을
전한다.

· 한국시니어플래너지도사협회/총회

• 김대정 교수 호주(시드니) 특강 모습

　강사가 된 계기는, 우연한 기회에 도심가 한구석에 '문해 교사 수강생 모집'이란 현수막 홍보를 보고 등록, 수강한 것으로 현재 나의 모습을 만들어주었다.

　문해 교사란 '일상생활을 영위하는 데 필요한 한글의 기초능력이 부족하여 가정이나 사회 및 직업생활에서 불편을 느끼는 자들을 대상으로 문자해득(문해) 능력을 갖출 수 있도록 알려주고 도와주는 일'을 하는 분들이다.

　주로 수강생분들의 나이는 60~70대 할머님이 가장 많으시며, 이분들은 예전 유교사상과 일제 강점기 등 사회현상 때문에 글을 익히지 못하였기에, 삶의 애환과 한도 많다.

　복지관, 주민 센터, 경로당, 마을회관 등 다양한 곳에서 수업하였지만, 그중 경로당, 마을회관에서 주로 밥상을 펴고 자음, 모음 등 한 단어씩

익혀나가는 모습은 너무나 아름답고 존경스러웠다. 우리의 부모님이기에….

　우리 인생은 도전의 연속이다. 시련을 겪으며 나를 위로한 것이 문해교사의 역할이었지만, 수입이 적어 '앞으로 무엇을 하면 될까?'가 고민이었다. 누구나 그렇지만 항상 자기 자신이 어떤 사람인지 망각할 때가 있다. 그래서 '내가 지금 잘하는 전문강사가 되자'라고 생각하고, 그럼 콘텐츠는 무엇으로 잡을지 또 고민을 하며, 인터넷 세상을 돌아다녔다.

　내가 좋아하는 사자성어가 不狂不及(불광불급)이다. '미쳐야 목표에 도달할 수 있다'는 뜻이다.

　서울, 경기권에서 이루어지는 시니어와 관계되는 무료교육, 기관교육, 기업교육, 새벽 세미나 등 미친 듯이 강의를 들으러 다녔고, 전문강사가 되기 위해 제일 부족한 스피치교육도 학원에 등록하여 함께 수강하였다.
　무엇보다 중요한 것이 강의의 기본이 되는 발표력이기에 스피치를 배운다는 것이 쉽지만은 않았다. 발음법, 호흡법, 시선 처리, 강의스킬 등 수업하는 일의 모든 것과 대중 앞에서 강의한다는 것이 이렇게 어려운 줄 몰랐다. 하지만 훌륭한 스승이 있었기에, 자연스럽게 배우게 되어 지금은 즐겁게 강의를 한다.

　로마 철학자 '세네카'는 "죽을 때까지 사는 법도 배우고, 죽는 법도 배운다"라고 말했다. 배우고 익히는 것은 삶의 기쁨이다.

비워야 채워진다

"사람을 얻으려면 마음을 비워라", "채우려면 비워라". 인간관계성에 많이 비유되는 말이다. 훌륭한 강의, 멋진 강의, 듣고 싶은 강의 등 다양한 강의를 자주 듣는다. 메모도, 녹음도 하지만 대부분 돌아와서는 다시 보고, 듣고 할 마음의 여유가 없는 것 같다.

물론 아주 중요한 사항은 다시 듣는 경우도 있지만….

그래서 나는 강의할 때 한 강좌당 꼭 도움되는 문장 한두 개만 가져가라고 말하는 경우가 있다. 왜? 좋은 말이 너무 많고, 강의의 모든 내용을 기억하기는 어렵기 때문이다. 한두 문장만 기억해서 '구체적 목표 아래 실천'하는 게 더 중요하다고 생각한다.

비운다는 게 너무 어렵다. 그것이 물질인 경우도 있고, 마음인 경우도 있다. 그나마 물질인 것은 쉽다. 마음을 비운다는 것은 참 어렵다. 기본적인 인간의 욕망이므로….

세상만사, 인간 만사 어려운 게 인간관계(人間關係)인 것 같다. 인간관계의 5가지 법칙이 있다고 한다.

> 하나, 노크의 법칙　　　둘, 거울의 법칙
> 셋, 상호성의 법칙　　　넷, 로맨스의 법칙
> 다섯, 짚신의 법칙
>
> － 〈좋은 글〉 중에서 －

　　시니어플래너지도사과정을 운영하면서 교수진과 원우님으로 만나고 헤어지고, 믿었던 사람한테 마음의 상처도 받은 적이 있다. 그럴 때마다 "마음 비우자"라고 혼자 다독인다. 나 또한 마음의 상처를 준 사람도 있을 거다. 성인군자(聖人君子)가 아닌 이상. 하지만 실수가 아닌 의도적으로 상처를 주면 상대편은 큰 상처를 받는다.

　　경험상 비우고 포기하면 참 행복한 기억도 있고, 내 영역도 아니고, 내 것도 아니라고 생각하면 기분이 좋아지고, 이상하게도 편한 마음으로 비우면, 채워지는 경험도 하게 된다. 친구 관계든, 금전 문제든. 그래서 세상은 공짜도 없고, 공평하다는 생각이 들 때도 있었다.

　　우리 인생사가 모두 비우면 채워지고, 채워지면 비우는 과정이라 생각이 들곤 한다. 물질적이든, 정신적이든 영원한 것은 없는 것 같다.

　　주위에 함께하는 친구, 선후배, 동료, 동창생 등 많은 관계성에서 살아가는 우리는 항상 갈등과 선택의 기로에 서 있다. 갈등 속에 후회하지 않는 선택을 할 수도 있고, 선택을 잘못하여 큰 갈등을 겪는 경우도 항상 있다. 하지만 슬기롭게 처신하면 전화위복의 기회가 된다.

　　나 또한 과정을 운영하면서 불편한 관계에서 적극적인 후원자가 되어

준 분들도 있고, 가까운 지인이었던 분이 불편한 관계로 변한 경우도 있었다. 결론적으로 '모든 게 내 탓이요' 보다는 대화를 통해 소통하는 것이 최우선이고, 배려 또한 함께 이어져서 더불어 가는 것이 최선인 것 같다.

이것 또한 비우면 채워지는 방법이라 생각한다.

2장

행복한 삶을 위한
공감소통 시크릿

김선주

– 한국시니어플래너지도사협회 수석부회장/교수
– SJK 리더스코칭아카데미 대표
– 연세대, 이화여대, 동국대, 제주대 평생교육원 출강

100대 시대!
인생을 행복하게 보내는 방법은?

100대 시대에 살고 있는 우리는 앞으로 남아 있는 인생을 행복하게 보내기 위해서는 일을 해야 한다고 생각한다. 재능기부든 수익을 창출하는 일이든 사람들과 소통하면서 일해야 존재감을 느끼면서 건강하게 보낼 수 있다. 평생직장은 없고 평생직업은 있다는 말처럼 지금부터라도 나의 꿈을 이루며 할 수 있는 일을 찾는 제2의 인생 재설계가 필요하다.

멘토의 권유로 시작하게 된 스피치와 이미지 컨설턴트는 지금 와서 생각해보면 정말 소중한 인생의 터닝 포인트가 되었다고 생각한다. 그때 그냥 그 말을 흘려버렸다면 무엇을 하고 있을까? 평범한 일상을 보내고 있을지도 모르겠다. 강의하면서 액티브 시니어에 관심을 갖게 된 것은 2년 전쯤이다. 우리는 트렌드의 변화와 시대의 흐름을 읽지 못하면 퇴보하고 만다. 김형석 교수님의 스토리, 강석규 호서대 명예총장님의 인생 스토리를 접하면서 시니어에 대해 관심을 가지던 중 대학교 평생교육원에 시니어플래너지도사과정이 있다는 것을 알고 접하게 되었다.

김형석 교수님은 올해 99세이신데 강의활동을 활발하게 하고 계신 것을 보면 이 시대의 롤모델이신 것 같다. 김형석 교수님은 인생의 황금기는 65세~75세라고 하신다. 그 나이가 돼야 생각이 깊어지고 행복이 무엇인지, 세상을 어떻게 살아야 하는지를 알게 된다는 것이다. 나이가 많아서 도전을 못 하겠다고 하시는 분들에게 강한 각성을 주는 것 같다.

강석규 호서대 명예총장님의 스토리를 살펴보자.

젊었을 때 정말 열심히 일했습니다. 65세에 당당한 은퇴를 할 수 있었죠. 30년 후인 95세 생일 때 후회의 눈물을 흘렸습니다. '남은 인생을 그냥 덤이다'라는 생각으로 그저 30년을 고통 없이 죽기만을 기다렸습니다. 나는 지금 95살이지만 정신이 또렷합니다. 내 나이 95세에 어학 공부를 시작합니다. 이유는 단 한 가지. 105번째 생일 95살 때 왜 아무것도 시작하지 않았는지 후회하지 않기 위해서입니다.

― 〈어느 95세 어른의 수기〉 글 중에서 ―

이 내용을 보면서 인생 후반기를 얼마나 소중하고 의미 있게 보내야 하는지 가슴 깊이 느끼게 되었다.

인생 재설계를 할 때 건강, 인간관계, 여가생활, 직업(일), 주거, 자산관리 등의 내용을 구체적으로 점검해야 한다. 이 과정을 통해 나의 인생을 점검해보고 재설계할 뿐만 아니라 타인들을 컨설팅해 주는 전문가가 되는 것이다.

요즘은 이를 강의에 접목해 '시니어의 아름다운 공감스피치기법'을 강의하는데 호응이 좋아서 행복감을 느끼고 있다. 실제로 적용할 수 있는 내용들 위주로 다룬다. 강의 후에 청중들로부터 '시간이 너무 금방 지나갔어요', '너무 유익하고 재밌는 시간이었습니다'라는 이야기를 들을 때 기분 좋아지고 힘이 난다.

한국시니어플래너지도사협회는 서울, 경기권뿐만 아니라 전국으로 확장될 예정이다. 그만큼 액티브 시니어들의 관심이 높아지고 있다는 것이다. 자기 자신을 사랑하고 사회활동을 역동적으로 하면서 취미생활도 멋지게 하는 삶. 진정 후회 없는 행복한 삶이라고 여겨진다.

행복한 소통의 시작

햇살 좋은 오후 커피 한잔 마시며 소통이 잘 되는 사람과 웃으며 대화할 수 있다는 것은 정말 행복한 일상이다. 행복한 삶을 사는 사람들을 대상으로 관찰해보니, 주변 사람들과 소통을 잘한다는 공통점을 발견하였다. 그렇기에 행복한 삶을 살기 위해서는 첫 번째로 '소통을 잘하는 사람이 되어야 한다'는 생각이 든다.

얼마 전 부부 사이에 하루 평균 대화시간을 조사해 봤더니 30분 이하라고 한다. 서로 바쁘게 살다 보니 얘기할 공통의 화제도 대화시간도 부족한 모습이라 하겠다. 공감소통에서는 나와의 소통, 가족 간의 소통, 친구와의 소통, 조직 구성원 간의 소통은 행복의 질뿐만 아니라, 기업의 발전에도 상당히 큰 영향력을 미친다.

어느 대기업에서는 멘토링(Mentoring) 제도를 만들어서 신입사원이 멘티(Mentee)가 되고 선배 사원이 멘토(Mentor)가 되어 업무와 기업문화 등에 대해 일대일로 소통할 수 있는 제도를 만듦으로써 신입사원은 회사에 더욱 잘 적응하고 선배 사원도 리더십을 가지고 일하게 한다.

책 〈어린 왕자〉를 보면 이런 대사가 나온다. "세상에서 가장 어려운 일이 뭔지 아니?" 이 질문에 "세상에서 가장 어려운 일은 사람이 사람의 마음을 얻는 일이란다"라고 답변한다. "순간에도 수만 가지의 생각이 떠오르는데 그 바람 같은 마음이 머물게 한다는 건 정말 어려운 거란다"라는 책 내용에 무척 공감한다. 사람의 마음은 돈 주고는 살 수 없는 것이니까….

이 책의 내용에서 사람의 마음을 사로잡는 비법을 알려줄 것이다.

호감 가는 인상이 인생을 변화시킨다

첫인상이 결정되는 시간은 3초에서 7초 사이라고 한다.

얼마 전 미국의 프린스턴대학 심리학 연구팀에서 타인의 얼굴을 보고 그의 매력이나 호감도, 신뢰도 등에 대한 판단을 하는 데 걸리는 시간이 불과 0.1초라는 연구결과를 발표했다(2010년).

우리는 평소 인상에 대해 많은 이야기를 한다. 인상이 좋아야 좋은 느낌으로 소통한다. 인상 쓰고 앉아있는 사람에겐 왠지 불편하다는 느낌이 든다.

'첫인상이 좋은데 지내보니까 더 좋은 사람인 것 같다'라면 금상첨화다. '첫인상은 좀 별로였는데 지내보니 괜찮은 사람인 것 같다'라면 반전 매력이 있어 괜찮다. 하지만 '첫인상 별로였는데 지내보니 더 별로다'라는 평을 듣는다면 곤란하다.

링컨이 '나이 40이 되면 본인 얼굴에 책임을 지라'고 말하듯이 평상시 표정습관이 자신의 얼굴을 만들어 간다.

하루에 자기 얼굴을 보는 시간은 10~30분 이내일 것이다. 여성은 화장을 하니 조금 더 보는 것 같다. 하지만 나의 얼굴을 더 많이 보는 사람은 내 옆에 있는 사람이다. 소통에서 표정으로 의사전달을 하는 부분이 상당히 크다.

표정에서 입술 꼬리가 위로 향하는 모습은 기분을 좋게 한다. 관상학에서도 입술 모양을 복을 담는 그릇에 비유하여 입술 꼬리가 위로 향하면 복을 가득 담을 수 있는 형상이라고 하고 입술 꼬리가 아래로 쳐지면 복이 옆으로 새버린다고 한다. 관상학과 인상학에서 입술 모양은 상당히 중요하다. 하지만 나이가 들면서 중력에 의해 얼굴 살이 처진다. 표정에 생기가 없어지는 경우가 많은데, 미소 트레이닝으로 충분히 멋진 표정을 가질 수 있다. 아침마다 거울 앞에서 '아, 에, 이, 오, 우~'로 얼굴 근육 운동을 해주고 '위스키~'라는 단어를 외치며 10초 머물러 있는 것을 반복한다. 1주일만 해봐도 표정이 훨씬 밝아지는 것을 느낄 것이다. 매일 아침 화장대 앞에서 이렇게 하루를 시작하면 기분까지 좋아진다. '위스키'라는 단어로 미소를 지으면 효과적이다. 미소 지을 때 필요한 대협골근, 소협골근, 구각거근, 안륜근 등을 움직여주기 때문이다. 좋은 인상은 좋은 마음에서 나오듯 긍정적 정서가 느껴지는 미소를 짓는 것이 훨씬 편안하다.

미국 캘리포니아 오클랜드 밀즈칼리지 졸업생을 대상으로 하커와 켈트너가 30년 추적 연구를 한 결과 인위적 미소 집단보다 긍정적 정서가 느껴지는 미소(뒤센 미소) 집단이 훨씬 건강하고 생존율도 높았으며 삶의 만족도 높았다.

❖ 플러스 인사의 매력

사람들은 만나고 헤어질 때, 고마울 때, 미안할 때 다양한 인사를 한다. 인사하는 태도를 보고 사람을 판단하는 경우도 종종 있다. 이왕이면 밝고 활기찬 인사를 하면 서로 기분이 좋아진다. 연예인 정준호 씨는 몇 년 전 토크쇼에서 "신인 시절 감독들이 나를 다시 찾은 것은 인사를 잘했기 때문이다"라고 이야기하는 모습을 본 적이 있다. 인사를 잘하는 것을 그만큼 좋은 인성과 연결지어보기 때문이다.

인사할 때 이왕이면 칭찬을 곁들인 플러스 인사를 하면 아침부터 기분이 좋아진다. "안녕하세요? 오늘 스카프가 너무 멋지네요. 잘 어울리세요"라는 플러스 인사를 받으면 기분 좋게 하루를 시작할 수 있다. 하지만 할까 말까 망설임이 느껴지는 인사, 무표정한 인사, 눈 맞춤을 하지 않는 인사, 받는 둥 마는 둥 하는 인사는 기분까지 상하게 한다. 인사를 잘해야 좋은 인간관계로 연결된다.

몇 년 전에 한 학기 동안 대담교육을 받으셨던 50대 중반의 사업하시던 여성분과 휴식시간을 같이하고 그분의 차를 타고 이동한 적이 있었다. 내가 내릴 곳에 세워주시고 인사말만 하고 그냥 가실 줄 알았는데, 차를 세우더니 차 밖으로 나와서 45도 인사를 정중하게 하는 모습에서 감동을 느낀 적이 있다. 그리고 내가 아는 대치동 학원 상담 실장님은 학부모와 상담 후 꼭 엘리베이터 앞까지 정중하게 배웅인사를 하는 등 최선을 다하는 모습에 좋은 반응을 얻으면서 더욱 성장하여 부원장, 원장으로 승진했다는 이야기를 듣고 인사의 힘을 다시 한 번 실감했다.

❖ 상대의 마음을 얻을 수 있는 경청

경청함으로써 상대의 마음을 얻을 수 있다는 이청득심(以聽得心)이란 말에 공감한다. 우리는 상대의 마음을 많은 이야기로 사로잡으려고 하는데, 잘 들어줘야 상대가 마음을 연다.

고민이 있을 때 나의 이야기를 들어주는 사람이 없다면 마음의 병이 생길 수도 있다. 우리가 살아가면서 나의 이야기를 잘 들어주고 조언해주는 사람이 있다는 것은

행복한 일이다. 마음의 카타르시스까지 느끼게 해준다.

듣기의 단계를 보면 듣는척하기, 선택적 듣기, 귀 기울여 듣기, 공감적 경청의 단계로 나아간다. 사람들은 일반적으로 선택적 듣기를 많이 한다. 내가 관심 있는 분야에 대해서만 집중하다가 다른 생각이 나의 머리를 지배한다. 공감적 경청을 하기 위해서는 노력이 필요하다. 상대가 이야기할 때 내가 다른 생각을 하거나, 상대 이야기를 평가하거나, 내가 말할 것을 생각하면 상대의 이야기가 잘 들리지 않는다. 이야기에 제대로 몰입해서 감정까지 이입해 보자. 앞으로의 인생이 달라질 것이다.

특히 경청할 때는 적절한 맞장구가 있어야 더욱 흥미 있게 이야기가 진전된다.

동의할 때는 "네, 그렇군요", 내용을 정리할 때는 "아 이렇다는 말씀이
시군요", 공감의 맞장구는 "저런 힘드시겠습니다","정말 대단하신데요",
이야기를 촉진할 때는 "그래서 어떻게 됐지요?" 등의 다양한 맞장구를
쳐보자.

투자의 달인 워런 버핏과 점심 한 끼를 하는 경매를 했는데 지난해
40억 원에 중국 기업인에게 낙찰됐다. 낙찰자는 워런 버핏과 점심을 먹
으며 투자의 노하우에 대해 듣는다. 이 경우 경청을 통해 중요한 정보를
얻는 것이다. 이렇게 상대의 이야기를 경청하다 보면 새로운 정보, 그 사
람의 신념과 가치관, 현재의 생활, 니즈 등을 알 수 있다.

소통에서 중요한 것은 일방적이 아닌 쌍방적 소통이다. 듣기와 말하기
의 비율은 7:3으로 듣기의 비율이 높은데, 대체적으로 말하기를 좋아하
는 사람들이 많은 것 같다. 하지만, 말을 너무 많이 하다 보면 실수하는
경우도 종종 있다. 또, 말을 주도적으로 너무 많이 하는 사람이 주변에
있으면 스트레스 지수를 높인다. 대화란 주거니 받거니 하는 것이 상당
히 중요하다.

효과적인 소통을 위해서는 장황하게 표현하기보다는 밝고 명료하게
표현하는 것이 좋다. 짧은 시간 안에 표현해야 한다면 두괄식으로 표현
하면 아주 명쾌하다. 먼저 결과를 이야기하고 경과와 이유에 대해서 설
명해주면 듣는 사람은 훨씬 빠르게 이해한다. 하지만 미괄식으로 결과를
맨 나중에 표현하다 보면 듣는 사람이 지루해질 수 있다. "그래서 결론

이 뭐죠?"라고 먼저 묻게 되는 경우가 많다.

사회생활을 하다 보면 많은 사람을 접하는데 매너 있는 표현을 습관화하는 것이 중요하다. 쿠션 언어와 청유형, 의뢰형의 표현을 습관화하는 것이다. 쿠션 언어는 충격을 막아주는 완충작용을 하는 표현으로 '실례합니다만', '괜찮으시다면', '미안하지만' 등의 표현을 말한다. 청유형은 '~해 주시겠습니까?', 의뢰형은 '~해도 될까요?'의 표현으로 우리는 말만 잘하는 사람보다 말도 잘하고 매너 있는 사람을 좋아한다. 그래서 쿠션 언어+청유형 또는 의뢰형으로 표현하면 된다.

'죄송하지만, 잠시만 기다려주시겠습니까?', '실례합니다만, 잠시 펜 좀 빌려도 될까요?' 등의 표현을 하면 상대도 흔쾌히 오케이라고 답변할 것이다.

말하는 데는 나의 언어습관을 어떻게 만들어 가느냐가 상당히 중요하다. 긍정적 표현을 습관화할 것인지, 부정적 표현을 습관화할 것인지, 5분 정도만 상대와 이야기하다 보면 그 사람의 성향을 파악할 수 있다.

되도록 긍정적인 말을 많이 해보자. 그럼 주변에 좋은 사람들이 나에게 더 모일 것이다. '할 수 있어요', '가능합니다', '네, 점점 좋아지고 있습니다' 등의 표현을 습관화해보자. 성공한 사람들의 자서전을 읽어보면 자존감이 높았고, '할 수 있다'는 자기 암시적 표현을 많이 사용하면서 일에 몰입할 때 놀라운 결과를 만들어냈음을 많은 사례들을 통해 접해 봤을 것이다.

상대의 마음을 움직이는 칭찬의 기술

〈칭찬은 고래도 춤추게 한다〉라는 책이 한참 베스트셀러가 된 적이 있다.

그처럼 칭찬엔 인간의 잠재력을 끄집어내는 강한 힘이 있다. 어렸을 때 들었던 칭찬으로 그 분야의 전문인으로 성공한 사례도 많이 볼 수 있다. 어렸을 때 부모님께 칭찬받는 것이 좋아서 더 열심히 공부하고, 심부름했던 기억이 난다. 하지만, 과유불급이라고 칭찬을 과하게 하면 역효과가 난다. 바로 상대가 경계하게 되는 것이다. 뭔가 부탁을 청할 것 같은 느낌이 든다.

그래서 칭찬에도 기술이 필요하다. 칭찬할 일이 있을 즉시 칭찬해야 효과적이다. 지난 일을 칭찬하는 것은 기억이 흐릿해진 상태라 칭찬의 효과가 반감된다. 그리고 구체적으로 상대의 변화된 모습이나 장점 등을 칭찬해야 한다. 상대에 대한 관심이 있어야 칭찬할 것이 보이게 된다.

공개적으로 칭찬할 때 칭찬의 효과가 커지고 결과보다는 과정과 노력하는 모습을 칭찬해주면 인정받는 느낌이 들어 더욱 열심히 하고 싶은 생각이 든다.

사람들을 대할 때 긍정적인 눈으로 보면 칭찬할 일이 더 보인다. 칭찬의 부메랑 효과는 내가 칭찬을 많이 하면 나에게 더 크게 돌아온다는 것이다. 하지만, 비난과 비판을 많이 하는 사람에게는 더 큰 비난과 비판이 자기 자신을 공격하는 부메랑이 되어 돌아오게 된다. 사람들에게 존중받고 싶은 만큼 상대를 존중하라는 말이 있듯이 긍정적인 공감소통을 하면 더욱 행복한 삶이 될 것이다.

'말이 씨가 된다'라는 속담이 있듯이 말에는 에너지가 있다. 에모토 마사루가 지은 〈물은 답을 알고 있다〉를 살펴보면 '사랑, 감사, 고맙습니다, 천사'라는 단어를 이야기했을 때 물 분자가 예쁜 눈꽃 모양의 모습으로 바뀌는데, '악마, 하지 못해, 짜증 나' 등의 표현을 하면 물 분자가 일그러지는 것을 발견할 수 있다. 모로코 속담에 '말로 입은 상처는 칼로 입은 상처보다 깊다'라는 말이 있듯이 이왕이면 좋은 말을 많이 해야겠다. 그동안 많은 강의를 하면서도 청중으로부터 '강의가 너무 좋았습니다, 행복한 시간이었습니다'라는 칭찬을 들을 때 더욱더 에너지가 생겨나는 것 같고 무대에서 힘을 얻는 것 같다. 칭찬이란 상대의 잠재력을 끄집어낼 수 있는 아주 소중한 보석과도 같다.

다름을 인정하는 소통

공감소통에서 중요한 것은 역지사지(易地思之)다. 상대방 입장에서 생각하다 보면 답이 금방 나온다. 남편은 아내 입장에서, 아내는 남편 입장에서, 자녀는 부모 입장에서 사장은 때론 직원 입장에서 조금 더 생각해본다면 서로 타협점을 잘 찾아낼 수 있다.

내가 좋아하는 것을 상대도 좋아할 것이라고 착각하며 살아가는 경우가 많다.

많은 사람이 한우를 좋아한다고 해도 채식주의자에게는 맛있는 음식이 아닐 것이다. 참치회가 고급스럽고 맛있다고 생각해도 생선회를 먹지 못하는 사람에게는 불편한 식사 자리가 될 것이다. 프라이드 치킨을 먹을 때도 나는 다리를 좋아하지만 상대는 날개를 좋아할 수 있다. 상대와 소통하고 제대로 알아야 원활한 소통을 할 수 있다.

흔히 나이가 들어갈수록 이야기를 반복적으로 하거나, 자기주장이 강해서 경청이 약해지고 타인에 대한 배려심이 부족해지는 경향이 있다. '내가 인생을 살다 보니 이렇게 해야 한다' 식의 표현이다. 하지만 다양한 연령층과 소통하기 위해 열린 마음이 필요하다.

　공자께서는 근자열 원자래(近者悅 遠者來)라는 이야기를 하셨다. 가까운 사람을 기쁘게 하면 멀리 있는 사람이 내게로 찾아온다는 뜻이다. 현대에도 멋지게 적용될 수 있는 내용이다. 하지만, 우리는 가까운 사람은 너무 편하다고 함부로 대하는 경우가 종종 있다. 정말 소중한 사람은 옆에 있는데 멀리서 좋은 사람을 찾는다는 것은 잘못된 생각인 것 같다.

　이번 여름, 중복에 삼계탕을 먹으려고 식당에 갔다. 분명히 옆 테이블에 4인 가족이 앉았는데 너무 조용한 것이다. 그래서 봤더니, 4인 가족모두 스마트 폰을 보면서 삼계탕이 나오기까지 15분 정도 한마디도 안하는 것을 보고 깜짝 놀랐다. 진짜로 소통이 없는 가족이 요즘 많다는 것을 느끼게 되었다. 서로 얼굴을 보고 눈을 맞추며 이야기하면 분위기가 훨씬 좋을 텐데….

　사람을 대할 때 호감 가는 표정, 기분 좋은 플러스 인사, 상대의 마음을 얻는 경청의 자세로 칭찬하고 다름을 인정한다면 행복한 소통을 할 수 있다. 앞으로도 전문 강사로서 청중과 기분 좋은 소통을 하는 것이 나의 행복한 삶이라고 생각한다.

　가족, 친구, 그 외에 많은 사람과 원활한 공감소통을 하면서 더욱 행복해지기를 희망해본다.

[참고문헌]

* 〈물은 답을 알고 있다〉, 에모토 마사루

* 〈회복 탄력성〉, 김주환

* 〈어린 왕자〉, 앙투안 드 생텍쥐페리

3장

브랜드 가치를 높이는 이미지메이킹

강정은

- 한국시니어플래너지도사협회 교육이사
- 이화여대 평생교육원 시니어플래너지도과정 강사
- 액티브시니어지도사
- 시니어플래너지도사
- 이미지컨설턴트
- 스피치지도사

호감도를 결정하는 첫인상

사람들은 첫 만남에서 그 사람의 이미지를 통해 상대를 판단해버린다.

첫인상이 결정되는 시간은 3~7초 정도 소요되는데 매력도, 호감도, 신뢰도 등을 느낀다. 순식간에 일어나는 일이라 평상시 인상관리와 이미지메이킹을 어떻게 했느냐에 따라 인간관계에 플러스가 될 수도 있고 마이너스가 될 수 있다.

미국의 프린스턴대학 심리학 연구팀에서 타인의 얼굴을 보고 매력이나 호감도, 신뢰도 등에 대한 판단을 하는데 걸리는 시간이 불과 0.1초라는 연구결과를 발표했다. 사회생활을 하다 보면 많은 사람을 접하는데 사업이나 영업이든, 어디서 일하든 자기에게 가장 최상의 이미지를 만드는 것이 중요하다. 특히 얼굴엔 정신이 깃들어 있으므로 긍정적 마인드 컨트롤을 해야 편안한 인상이 나온다.

미국의 카르멘델 오레피스 현역모델은 1931년생으로 모델경력만 75년, 현재 나이가 87세로 최고령 모델이다.

정말 놀라울 따름으로 액티브 시니어의 롤모델인 것 같다. 이만큼 자기관리를 잘한다면 나이 들어서도 얼마든지 전문적인 일을 할 수 있다. 지금부터 자기관리를 위해서 건강관리, 시간관리, 인맥관리, 스펙관리를 꾸준히 해야 하는 이유다.

· 카르멘델 오레피스

순위	활동 내용		평생 기간	시간(Hr)
01	일하는 시간		26년	227,760
02	잠자는 시간		25년	239,000
03	TV 보는 시간		10년	87,600
04	먹는 시간		6년	52,560
05	전화 받는 시간		4년	35,040
06	화장실 가는 시간		3년	26,280
07	부엌에서 보내는 시간	남자	1년 3개월	10,800
		여자	2년 5개월	21,840
08	기다리는 시간		2년	17,520
08	화내는 시간		2년	17,520
10	이성을 바라보는 시간	남자	1년	8,760
		여자	0.5년	4,320
11	몸단장 시간	남자	46일	1,104
		여자	136일	3,276
12	미소 짓는 시간		88일	2,112

영국의 타블로이드 신문 The Sun(2013)에서 80세 시니어의 인생회상을 통해 시간 활용을 어떻게 했는지 통계자료를 냈다. 자료를 보면 화내는 시간은 2년인데, 미소 짓는 시간은 88일밖에 되지 않아 놀라웠다.

그만큼 우리는 인생을 살아가면서 웃음에

인색하다. 3위인 TV 보는 시간 10년을 자기계발에 쓴다면 한 분야의 전문가가 될 것이다.

노먼 빈센트 박사는 '쓸데없는 걱정'이란 글에서 성인 96%가 불필요한 걱정을 한다고 했다. 절대로 일어나지 않을 일 40%, 이미 일어난 일 30%, 신경 쓸 필요 없는 일 22%, 어쩔 수 없는 일 4%로, 실제로 걱정해야 할 일은 남은 4%에 불과하다. 즉, 우리 걱정거리의 96%를 버려야 웃을 수 있는 마음의 여유가 생긴다는 뜻이다.

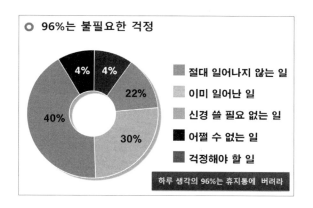

호감 주는 표정은 마인드 컨트롤 효과, 건강증진 효과, 감정이입 효과, 인간관계 증진 효과, 실적 향상 효과 등을 낸다. 웃을 때 활성화되는 엔도르핀, 엔케팔린, NK세포 등이 면역력을 향상시켜 건강에 도움이 된다.

프린스턴대학의 제이슨 박사는 웃음과 세일즈의 관계 실험에서 시종일관 미소 짓는 A 그룹, 무표정한 B 그룹, 신경질적인 C 그룹으로 세일즈를 해본 결과 확연한 차이를 보임을 발견했다.

시종일관 미소를 지었던 A 그룹은 목표량의 3~10배를 판매하였고, 무표정한 얼굴의 B 그룹은 목표량의 10~30%, 신경질적인 얼굴의 C 그룹은 전혀 팔지 못하였다. 이 결과에서 보이듯이 웃음의 효과는 매우 크다.

❖ 세련된 자세와 제스처로 만드는 좋은 이미지

자세는 평상시 습관에서 나온다. 앉아 있는 모습만으로 자신감과 신뢰감을 주는 사람도 있지만 구부정하고 비딱한 자세로 더 나이 들어 보이고 척추 건강도 해치는 사람도 있다. 한때 매스컴에서 쩍벌남에 대해 집중보도 한 적이 있다. 이는 공공장소에서 타인의 영역을 침범해 상대에게 불쾌감을 줄 뿐만 아니라 본인의 척추 건강도 해친다는 연구결과였다. 그처럼 우리는 뒷모습만 봐도 그 사람의 연령대를 가늠할 수 있다.

나이가 들면서 키가 준다는 말을 하는데 자세가 좋지 않은 경우에 대부분 그렇다. 이때 숨은 키를 찾기 위해서는 매일 15분 동안 벽에 붙어서 자세교정을 해야 자세가 반듯해지면서 숨은 키를 찾을 수 있다.

❖ 품격을 나타내는 매너와 에티켓

매너란 사람마다 가지고 있는 독특한 습관이나 몸가짐으로 타인과 교류 시 불쾌감을 주지 않는 생활예절이다.

에티켓의 어원은 프랑스 베르사유 궁전을 출입하는 귀족들에게 지켜야 할 유의사항과 예절을 적은 쪽지를 나눠준 데서 유래한다. 사회생활을 하다 보면 T.P.O(시간·장소·상황)에 맞게 지켜야 할 예절이 있다. 예를 들어 클래식 공연 관람 시 박수를 칠 타이밍은 아래와 같다. 오페라 매너에서 노래가 좋을 때 '부라보(Bravo)'라고 외치는데 남성, 여성, 독창과 중창에 따라 멘트가 달라진다.

박수 타이밍

* **교향곡, 협주곡** – 악장과 악장 사이에는 박수를 치지 말고 모든 악장이 끝난 후

* **오페라** – 막이 내릴 땐 기본, 아리아, 중창, 합창이 끝났을 때

* **뮤지컬** – 감동이 올 때, 격려하고 싶을 때

* **발레** – 솔리스트들의 단독 춤이나 고난도 기교를 보이는 장면, 막이 끝날 때마다

품위있는 테이블매너

레스토랑에 들어가서 앉을 때는 상석의 위치를 알아야 한다. 전망이 좋은 곳이라면 창가나 외부가 잘 보이는 곳, 쇼를 관람하는 경우라면 스테이지가 잘 보이는 곳이 상석이다. 말석은 통로나 출입문 가까운 곳, 또는 벽, 출입문을 바라보는 곳이다.

요즘 와인을 즐겨 마시는 분들이 늘고 있다. 스테이크나 요리를 먹을 때 와인을 곁들이면 맛의 풍미가 더해진다. 그런데 이때 와인매너를 모르면 난처한 상황이 발생한다.

❖ 와인의 종류

✳ 레드와인(Red Wine)

레드와인은 붉은색, 혹은 푸른색의 포도를 발효시킨 것이다. 알코올 농도는 12~14%이며 실온 18℃ 전후에서 제맛을 내게 하여 스테이크와 같은 붉은 빛의 육류 요리와 함께 마신다. 적색은 무색의 포도즙이 추출과정에서 포도 껍질과 섞여 씨와 껍질의 붉은 색소가 흡수하게 될 때 타닌(Tannin) 성분이 있어 떫은맛이 난다.

타닌은 레드와인의 맛을 내는 주요인이며 실제 레드와인과 화이트와인의 가장 중요한 차이점이다. 레드와인은 화이트와인보다 종류가 다양하고 콜레스테롤을 억제하는 효과가 있고 고리를 부드럽게 해주는 타닌 성분이 있어 고기요리를 만들 때나 모든 종류의 음식과 잘 어울린다.

✳ 화이트와인(White Wine)

화이트와인은 포도 껍질을 없애고 포도즙만 발효시킨 것으로 맛이 순하고 상큼하여 노란색이나 황금색을 띤다. 일반적인 알코올 농도는 10~13%이고 맛은 5~10℃ 정도가 적당하여 반드시 차게 해서 마신다. 생선요리나 조개류 등의 흰색요리와 잘 어울리며 연육제로 사용되고 와인의 맛이 요리를 방해하지 않아서 생선요리와 야채를 즐길 때 함께 마신다. 황색 와인이나 금빛 와인, 물처럼 맑은 와인들은 모두 화이트와인이라 할 수 있다.

화이트와인을 만드는 방법은 백색포도로 만들어지는 경우와 붉은 포도의 즙만 사용하는 방법이다. 화이트와인에는 맛의 종류가 다양하나 레드와인에 비해 당분의 함량이 적어서 숙성기간이 짧고 타닌 성분이 적어 장시간 보관할 수가 없다.

✳ 로제와인(Roze Wine)

로제와인은 핑크색 와인으로 레드와인과 제조과정이 비슷하다. 레드와인을 만드는 과정에서 포도즙이 포도 껍질과 섞여 있는 시간을 줄여 추출되는 색소와 타닌의 양을 감소시키는 방법으로 제조한다. 타닌 함유가 적어 달콤한 것이 특징이다.

레드와인처럼 포도 껍질을 같이 넣고 발효시키다가 색을 띠어 액이 나오면 껍질을 제거하고 과즙을 계속하여 발효시키면 로제와인이 만들어진다. 색깔은 화이트와인과 레드와인의 중간색인 핑크색이지만 맛은 화이트와인에 가깝다.

❖ 와인 품종

❋ 카베르네 소비뇽(Cabernet Sauvignon)
  – 레드와인의 원료, 가장 유명한 품종이다.
  – 강한 타닌 맛(적포도주의 왕)
  – 포도알이 작고 색깔이 진하다.
  – 주요 생산지는 프랑스 보르도의 매독(Medoc) 지역

❋ 메를(Merlot)
  – 포므롤(Pomerol) 지역의 대표적 포도 품종
  – 맛이 풍성하고 부드러운 맛
  – 가장 인기 품종
  – 카베르네 소비뇽과 브랜딩 와인 생산(보르도)

❋ 피노 누아(Pinot Noir)
  – 프랑스 부르고뉴 지방의 대표적 포도품종
  – 가장 기품있는 맛(적포도주의 여왕)

- 카베르네 소비뇽보다 부드럽다.
- 와인 제조에 아주 까다로운 품종

✳ 뮈스까떼(Muscadet)

- 프랑스 발 드 르와르 지방 산지
- 신선한 과일 향, 상큼한 신맛 일품
- 사과, 사향(Musk)
- 세계에서 가장 오래된 품종

와인의 당도에 따른 분류	
스위트(Sweet)	단맛 와인
미디움(Medium)	약간 단맛 와인
드라이(Dry)	단맛이 없는 와인

와인의 바디(Body)에 따른 분류	
라이트(Light)	배 주스 느낌
미디움(Medium)	오렌지 주스 느낌
풀(Full)	토마토 주스 느낌

❖ 와인을 즐기는 법

립(lip)
볼(bowl)
스템(stem)
베이스(base)

- 와인은 1/3 정도만 차도록 따르면 된다.
- 절대로 와인을 '원샷'하지 않는다.
- 와인은 첨잔이 가능한 술이다.
- 레드와인과 과일 안주는 적이다. (치즈 추천)
- 와인과 식사를 같이 할 경우 달콤한 와인은 금물이다.
- 와인을 사양하고 싶은 경우, 손을 와인 잔 위에 살짝 올리며 눈으로 사양의 표시를 하거나 정중하게 말로 거절한다.
- 서빙 받을 때 감사의 눈빛 인사를 한다.
- 와인을 채우는 순서는 일반적으로 시계방향이다.
- 와인을 받을 때 베이스에 검지와 중지를 댄다.

▶ 잔을 잡을 때는 긴 목 부분(스템)을 잡는다.
▶ 엄지, 검지, 중지를 이용해서 잡는다.

❖ **와인잔의 종류**

보르도　　부르고뉴　　화이트　　로제　　스파클링

- 보르도잔: 볼 길이가 길다. 향이 잔에 오래 지속된다.
- 부르고뉴잔: 볼이 넓다. 풍부한 향을 느낀다.
- 화이트잔: 잔이 작다. 온도 상승을 방지한다.
- 샴페인잔: 잔이 길다. 기포 감상이 가능하다.
- 로제잔: 볼이 넓고 둥근 장미꽃 모양이다. 장식적이다.

❖ 디켄팅(Decanting)의 시간

- 보르도: 1시간
- 부르고뉴: 30분
- 젊은 와인: 1시간
- 오래된 와인: 15분 이내
- 10년 미만: 30분
- 10년 이상: 15분

❖ 정찬 용어

✱ 식전주(Aperitif)

식전주는 식사 전에 타액과 위액의 분비를 원활하게 하고 식욕을 촉진시키기 위해 마신다. 정찬 만찬에서는 쉐리(Sherry)와 함께 여러 가지 약초를 첨가한 식전주를 마신다. 술을 마시지 못하는 경우에는 식전주를 대신하여 알코올이 없는 진저엘이나 주스 등을 마시거나 부드러운 알코올성 체리, 올리브, 레몬 향의 칵테일을 마시는 것이 매너이다. 식전주의 양은 보통 1~2잔 정도가 좋다.

✱ 앙뜨레(Entree)

앙뜨레는 정찬에서 기본이 되는 주요리다. 시식할 때는 야채와 함께 곁들여서 먹지만 육류와 생선으로 크게 분류되며 요리의 방법, 소스의 차이, 굽는 정도, 시식방법에 따라 맛의 차이가 난다.

육류는 나이프와 포크를 사용하는 것이 원칙이며 스테이크의 굽는 정도에 의해 맛이 달라지므로 스테이크를 주문할 때 개인의 취향에 맞게 굽는 정도를 요청한다. 스테이크를 먹을 때는 오른손에 나이프와 왼손에 포크를 쥐고 접시 바깥쪽부터 조금씩 잘라 소스를 묻혀서 고기의 맛과 소스의 향을 음미하면서 먹는다.

레어 웰(Rare Well)	겉만 살짝 익힌 상태로 약간 구운 것(붉은색)
미디엄(Medium)	중심부를 약간 익힌 상태의 중간 정도 구운 것(연핑크색)
미디엄 웰(Medium Well)	겉이 완전히 익힌 상태로 충분히 구운 것(연갈색)
웰던(Well-Done)	겉과 안쪽 모두 익힌 상태로 완전히 구운 것(갈색)

✱ 식중주(Wine)

서양 요리의 대부분은 주로 육류이기 때문에 와인은 요리의 기름기를 제거해주고 입안의 음식 맛을 신선하게 바꿔 줄 수 있다.
와인은 육류의 종류나 요리의 맛에 의해서 선택한다. 전채요리인 경우는 드라이한 화이트와인이나 쉐리주 정도가 좋고, 생선을 먹을 때는 담백하고 부드러운 화이트와인, 육류 요리를 먹을 때는 향이 강한 레드와인이 적합하다.

✱ 디저트(Dessert)

디저트는 프랑스어로 '데쎄르비르(Desservir)'라고 하여 '치우다, 정리하다'란 뜻에서 유래되었다. 메인 코스가 끝나고 나오는 디저트는 달콤하고 부드러운 맛의 케이크, 과자, 아이스크림, 과일, 커피나 홍차 등을 말한다.

 액티브 시니어는 나이가 들어서도 활발하게 사회생활과 여가생활을 즐긴다.

 이때 호감 가는 표정으로 상대를 배려하는 마음으로 대한다면 상대도 그 마음을 느낄 것이다. 또한 여기에 T.P.O 에 맞는 옷차림과 매너를 갖춰 더욱 품격있는 액티브 시니어가 되길 희망한다.

 '나이가 들어서 열정이 사라지는 것이 아니라 열정이 식으니 나이가 든다는 말이 있듯이 늘 열정적인 삶을 통해 행복해지기 바라는 마음이다.

4장

삶을 풍요롭게 하는
힐링 여행

김영숙

- 한국시니어플래너지도사협회 교육이사
- 이화여대 평생교육원 시낭송&문학테라피과정 강사
- 시니어플래너지도사
- 액티브시니어지도사
- 스피치지도사

여행의 힘

다양한 여가생활이 있지만 그중에서 여행만큼 마음을 설레게 하는 것도 없는 것 같다. 여행 가기 전 계획하고 준비하는 기간부터 행복함은 시작된다.

국내여행도 좋지만, 문화가 다른 외국 여행은 잠시도 눈을 뗄 수 없는 풍경과 이색적인 문화의 매력에 빠져들게 한다.

우리 부부는 여행을 좋아해서 5쌍의 부부동반 모임으로 30년이란 긴 세월 동안 여행을 같이 다녔다. 학교 교사였던 남편의 지인들로 구성된 여행의 동반자들은 서로 배려하는 팀워크가 좋아서 오랜 세월 동안 꾸준히 함께 여행했다.

그러던 2015년경, 동유럽 여행을 다녀온 뒤 남편이 몸이 좋지 않아 건강검진을 했는데 암 진단이 나왔다. 행복했던 나의 삶에 그야말로 청천벽력이었다. 최선으로 치료를 받았으나 애통하게도 남편은 먼저 하늘나라로 가게 되었다.

남편이 떠난 후 나의 일상엔 삶의 의욕이 없었다. 여느 배우자와 달리 친구처럼 지내며 사이가 좋았기 때문에 더욱 힘들었다. 그 후 한동안 나는 지탱할 수 없는 우울증에 시달리기 시작했다. 어떻게 살아가야 하는지 걷잡을 수 없는 무력감으로 점점 삶의 의미를 잃었고, 허탈감이 밀려

들었다. 그런 생활에서 벗어나게 된 것은 우연한 기회를 통해 다가온 사람들과의 새로운 만남 때문이었다. 그중 하나는 결혼한 딸이 낳아준 보배 손녀와의 만남이었다.

   손녀의 재롱을 보는 즐거움은 우울감과 근심을 사라지게 했다. 이즈음 '웃음꽃 필 하모니' 중창단에 참여하며 노래를 부르고 사람들과 어울리다 보니 나의 기분도 좋아지고 활력도 생겨났다. 중창단 1주년 행사는 나의 세컨드 하우스에서 캠프파이어도 하고 맛있는 음식을 먹으며 추억의 시간으로 만들었다.
   중창단 임원 중에 시인이 계신데 그분이 나의 세컨드 하우스에 대해 '산마루 하늘 집'이란 시도 선물해 주셨다. 이 시를 선물 받고 너무 감동하여 소개하고자 한다.

산마루 하늘 집

– 김필영

그 집으로 가는 길은,
팔당호반을 왼쪽 차창에 태우고
꿈꾸듯 물안개 늪을 통과해야 한다
산기슭으로 풍경들이 휘돌아갈 때
울컥이는 옛 생각이 어른거린다
아기염소 뿔 다듬는 오솔길 사이로
계곡 물소리 반겨주는 길 따라 오르면

산마루턱 하늘 가까운 집,

그 집엔 또 하나의 계절이 살고 있다

두릅향 그윽한 산에 진달래가 봄을 태우고

여름은 초록을 지펴 누군가를 기다린다

약속 없이도 찾아오신 당신처럼

가을 유리창에 손에 잡힐 듯 쏟아지는 별빛

철새 날아간 하늘 가 기다림이 저물 무렵

시베리아보다 눈부신 겨울 햇살이 사는 곳,

그리고 또 하나의 계절

아침이 오지 않았으면 싶은 향기로운 밤

돌아서면 다시 그립고

언제나 찾아가고 싶은 계절,

당신이 그곳에 살고 있다

작년에는 캐나다를 가자는 여행팀의 권유에 마음에 혼란이 왔다. 그 이유는 부부동반 팀에 합류해서 가는 것이 꺼려졌기 때문이다. 여행 갈 엄두를 내지 못하고 망설일 때 정겨운 이들이 여러 번 권유하는 바람에 함께 캐나다 여행을 가게 되었다.

58

캐나다의 벤쿠버, 로키산맥을 다녀왔다. 한국은 가을이었는데 캐나다
는 이상기후로 폭설이 내려서 아름다운 눈 구경을 실컷 하고 왔다. 특히
청정지역이라 공기가 너무 좋아서 기분까지 상쾌해졌다. 석청, 차가버섯,
마키베리 등이 유명하다. 나이가 들면서 이런 건강식품에 관심이 높아져
서 특산품을 사게 된다.

캐나다 현지인 가이드는 50대 남성분이었는데 친절하고 상당히 가정
적인 분이었다. 캐나다의 문화를 알 수 있는 여러 이야기를 해줘서 여행
이 더욱 알찼다.

• 레이크 루이스(Lake Louis)

빙하가 녹아서 만들어진 레이크 루이스는 너무 맑고 환상적이었다.

유네스코 선정 세계 10대 절경으로 불리며 캐나다 앨비타주 벤프 국립공원에 있는데 특유의 물빛, 장엄한 로키산맥의 산세, 훼손되지 않은 최고의 절경이다.

호수 옆으로 거닐 수 있는 트레일이 있고 레이크 루이스에서 비하이브까지 10Km가량의 트래킹 그리고 호수 위에서 즐길 수 있는 카누와 카약킹 등이 있다. 호수 뒤편에 있는 빙하는 영국 빅토리아 여왕의 이름을 땄고, 루이스 호수의 이름도 빅토리아 넷째 딸인 루이스 캐롤라인 앨버타(Louis Caroline Alberta)에서 비롯된 것이라고 한다.

옥색의 만년설은 너무나 멋있었다.

컬럼비아 아이스필드(Columbia Icefield)는 캐나다 로키 산맥에서 가장 큰 아이스필드로 넓이가 무려 230km²에 달하는데 깊이가 365m, 길이는 28km에 이른다. 알버타 주와 브리티시컬럼비아 주 경계를 따라 높은 고산지대 평원에 펼쳐진 빙원으로 연평균 7m의 강설량을 자랑한다. 여름이 짧아 해마다 내린 눈이 전부 녹지 않고 계속 쌓여 얼음으로 변한 후 주변으로 뻗은 길을 따라 이동해 빙하라고 부르는 얼음 지대를 형성하는데, 애써배스카 빙하가 가장 유명하다.

컬럼비아 아이스필드 빙하 어드벤처(Columbia Icefield Glacier Adventure™)는 캐나다 로키 산맥에서 가장 특별한 모험을 제공한다. 빙하 여행을 위해 특별히 제작된 대형 설상차는 승객을 태우고 애써배스카 빙하(Athabasca Glacier) 위를 달리며 놀라운 여행을 선사한다.

자연의 위대함, 내가 이 멋진 풍경을 볼 수 있어서 이 순간이 너무 행복했다.

• 컬럼비아 아이스필드(Columbia Icefield)

산란을 하기 위해 강을 거슬러 올라가는 연어 떼가 인상적이었다. 연어 훈제구이 맛을 아직도 잊을 수 없다.

밴쿠버섬은 고층의 유리로 만들어진 빌딩들이 주위 바다와 해안, 주변 산들의 아름다움을 담아내는 곳, 해변에서 수영하기와 산 타기를 하루에 모두 즐길 수 있는 곳, 세계적 수준의 요리와 밤 문화가 열광하게 하는 곳이었다. 밴쿠버는 자연이 함께 어우러지는 찬란한 도시이다. 매일 밤 동료들과 여행의 멋을 한층 더해주는 파티를 열었다.

크로아티아

크로아티아 아드리아 해엔 해마다 1,000만 명의 서유럽인들이 비행기를 타고 태양, 경제적 여행, 중세의 고풍스러운 정취를 느끼기 위해 찾아온다. 하지만 유고슬라비아와의 격렬한 분리 독립과정에서 '전쟁으로 찢긴 악명 높은 곳'으로 유명한 곳이다.

최근에 겪은 비극과 공포에도 불구하고 크로아티아의 매력은 거의 그대로이다. 여행자들에게 인기 있던 대부분의 장소는 손상되지 않았고 전쟁 후 보수되었다. 그러나 이 나라의 아픈 과거는 도처에 남아있으며 누구나 한 가지씩 사연을 가지게 되었다.

중세 크로아티아의 향기는 로비니(Rovinj)의 자갈길과 최근 재건된 두브로브니크(Dubrovnik)의 스타리 그라드(Stari Grad)에 남아있다. 또한 크로아

• 두브로브니크 성

티아에는 스플리트(Split)의 웅장한 디오클레티안(Diocletian) 궁전 등 로

마 시대 최고의 유적들이 일부 남아있다. 날씨와 해변은 예전이나 다름
없이 훌륭하여 크로아티아는 여전히 머무르기에 좋은 곳이며 수많은 관
광객을 모으고 있다.

• 두브로브니크 성벽

　두브로브니크 성에 가서 내려다보는 아드리아 해의 장관과 붉은색 지
붕들의 아름다운 조화에 입이 벌어졌다.
　여행하면서 그 나라의 문화를 알려면 음식을 먹어봐야 한다고 생각한
다. 그래서 한식당에 가지 않고 크로아티아 레스토랑에서 식사하는데 입
맛에 거의 맞았던 것 같다.

헝가리는 지리적으로 유럽의 중앙에 위치하고 있고, 관광산업에도 경험이 풍부해서 동유럽으로 들어가는 이상적인 곳이라고 할 수 있다. 아름다운 부다페스트로 도착하는데, 이 도시에는 생기 넘치는 예술, 카페가 있고, 음악이 흐르며, 다양한 문화 및 스포츠 축제가 개최된다. 수도를 벗어나 평원, 리조트가 늘어선 호숫가, 바로크식의 마을, 전원 마을에 이르기까지 다양한 여행을 즐길 수 있다.

헝가리의 최고 여행코스는 다뉴브 강에서 야경투어를 하며 음악과 함께 와인을 마시는 것이다. 그리고 편안한 온천 즐기기와 새들을 관찰하는 것 등을 들 수 있다.

❖ 헝가리의 수도 부다페스트

언덕 위의 부다(Buda) 지역은 물의 도시이고 아래 평야 지역인 페스트(Pest) 지역은 불의 도시이다. 그리고 그사이를 가로지르는 아름다운 도나우 강(Danube River)과 두 지역을 연결하는 세체니 브릿지(Szécheny Bridge)가 인상적인 도시이다. 유럽에서 가장 아름다운 도시로 꼽히는 부다페스트는 예술과 문화의 중심지로도 유명한 곳이다.

64

도시공원에는 겨울에 거대한 아이스 링크로 변하는 호수와 세계적으로 유명한 세체니 온천(Szécheny thermal Bath)이 있다. 또한 헝가리 정통 음식을 포함한 다양한 음식과 상품을 판매하는 정통 마켓 홀(Authentic Market Hall)을 방문하는 것도 좋다.

• 헝가리 의회

• 어부의 요새

도나우강 유람선을 타고 아름다운 음악과 함께 친구들과 와인으로 건배하며 찬란한 헝가리 의회를 보니 너무 아름답고 행복한 밤이었다.

어부의 요새는 헝가리 부다페스트 마차시 성당 옆에 있는 네오 고딕 네오로마네스크 스타일의 테라스이다. 19세기 헝가리 전쟁 당시 어부들로 이루어진 시민군이 요새를 방어해 어부 요새라 명명되었다.

　체코 공화국과 수도는 수많은 보호 문화 유적들과 도시, 마을 등을 보유하고 있다.

　그들 중 일부는 역사의 중심지 프라하를 비롯하여 체스키 크루믈로 프, 쿠트나 호라, 푸른 산의 성 얀 네포무츠키의 순례자 교회, 크로무네지 체 성과 정원, 남체코 마을 홀라쇼비체, 리토미슬에 있는 르네상스 성과 유적지, 올로모우츠에 있는 가장 높은 삼위일체 기둥, 브르노에 있는 투 겐드하트 빌라, 트제비체에 있는 유대인 게토 지역과 성 프로코프 대성당 은 유네스코 세계 문화유산 및 자연 유산에 등록되어 있다. 80m 높이의 쌍둥이 탑과 첨탑 사이에는 황금 성배를 녹여 만든 마리아상이 있다. 프 라하 성 비투스 대성당과 함께 프라하를 대표하는 가톨릭 교회이다.

• 체코 틴성당

• 체코 카렐교

체코배경의 영화라면 빠짐없이 나오는 곳, 바로 프라하의 랜드마크 카렐교이다. 낮에는 거리의 악사와 상인 그리고 관광객으로 항상 북적거린다. 다리 중간쯤 오면 소원을 빌 수 있는 네포무츠키 성상이 보이는데 하도 많이 만져서 부분적으로 색깔이 다르다. 거리의 불빛이 하나둘 켜지는 밤이 되면 낮의 활기와는 또 다른 낭만이 느껴진다. 카렐교의 야경, 유럽 3대 야경에 오를 만큼 정말 아름답다. 또한 체코는 맥주로도 아주 유명하다. 다양한 맥주 중에서 흑맥주가 아주 일품이었다.

모로코

　지중해의 아랫입술에 위치한 매혹적인 모로코는 회교적 신비에 가득 차 있어 마치 신화와 현실 사이에 떠 있는 요술 양탄자 같은 나라이다.

　탄제르(Tangier), 카사블랑카(Casablanca), 마라케쉬(Marrakesh), 이런 이름만 들어도 마치 코끝에 맛있는 냄새를 맡은 것처럼 가보고 싶은 생각이 든다.

　모로코는 오랫동안 신비스럽운 나라로 여겨져 왔다. 여전히 많은 사람이 모로코의 독특한 생활사와 찬란한 예술을 격찬한다. 모로코는 아프리카 여행을 시작하기에 최적의 장소이다. 유럽에서 훌쩍 뛰어넘을 수 있는 거리여서 여행하기에 아주 친근하고 활기차고 적극적이 되기 때문이다. 모로코 여기저기 있는 야외시장엔 깔개며 목제품, 보석들이 가득 차 있다. 해시시 다음으로 가장 많이 생산되는 것은 가죽제품으로 전 세계에서 가장 부드럽다고 정평이 나 있다.

　모로코에 가죽이 아주 유명하기 때문에 지갑, 신발, 가방, 가죽옷 등 다양하게 볼거리가 너무 많다. 기념품으로 몇 개 챙겨도 기쁨이 클 것이다.

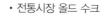

• 전통시장 올드 수크　　　　　　　• 가죽 공장

터키의 카파도키아는 자연의 선물이라고 표현하고 싶다.

터키의 정중앙. 드넓은 지역에 걸쳐 있는 신비한 풍경은 지상의 풍경이라 믿기 힘들다. 지구가 아닌 다른 별에서 분리되어 잘못 자리 잡은 것이라 여겨질 만큼 척박하지만 묘한 매력이 있다. 건조하고 단단한 풍경 사이로 드문드문 자리 잡은 사람들의 일상이 있어서 가능한 풍경이 아닐까 싶다.

• 카파도키아　　　　　　　• 카파도키아 열기구 풍경

기원전 1900년쯤 아시리아 상인들이 주로 활동하던 무대로 시작된 이

곳은 히타이드 제국의 첫 번째 수도로 전해진다. 그 이후로도 수많은 외침의 역사를 고스란히 맞으며 마지막으로 로마의 속국이 되는 것으로 카파도키아 왕국은 멸망했다고 한다. 이때 로마로부터 박해받은 기독교인들의 은신처가 되어 준 바위. 현재까지 보존된 기독교적 가치는 어마어마해서 많은 종교인이 찾는 도시이기도 하다. 여행자들에게 가장 인기 있는 관광노선 안에 지하 도시 방문이라든가 수도원들이 포함되는 이유가 거기에 있다.

실제로 거대한 지하세계에 잘 보존된 벽화나 유물들을 만나는 시간이다. 가이드가 필요 없이 혼자서도 충분히 둘러볼 수 있는 기독교 문화의 역사 체험이 다양한 형태로 가능하다. 바르바라 성녀의 순교를 기리는 예배당의 오래된 프레스코화를 시작으로 네 개의 원기둥이 돔 형태를 이룬 사과교회에도 최후의 만찬과 예수를 비롯한 벽화들이 선명히 남아있다. 이 밖에도 괴레메 박물관 근처의 성 바실리오 예배당 등에서 어렵지 않게 기독교 문화의 역사를 만날 수 있다.

카파도키아 관광의 일품은 열기구를 타는 것이다. 열기구에 타는데 하늘을 떠돌며 하늘에서 전경을 내려다볼 수 있다. 아름다운 꽃과 자연 경관들이 정말 하나님이 주신 가장 아름답고 위대한 선물이라고 느껴질 만큼 감탄사가 나왔다. 열기구를 타고난 후 수료 증서를 주었는데 내 도전의 의지와 열정에 증표로 삼아 흐뭇하게 지금까지도 보관하고 있다.

맺음말

일상생활에서 벗어난 여행이라는 새로운 세계와의 만남이 늘 신선하고 새롭다.

특히, 처음 가보는 나라의 아름다운 자연과 이색적 문화를 접할 수 있고, 그 나라의 음식 문화를 통해 새로운 맛도 느껴본다.

거대한 대륙의 스케일을 보면 가슴이 탁 트이고 시야가 넓어지는 것 같다.

청정지역인 캐나다는 다시 돌아오고 싶지 않다는 생각이 들 정도로 매력적인 여행지였다. 여행은 단조로운 일상에서 누적되곤 하는 스트레스 해소에 도움이 되고 힐링이 되어서 삶의 에너지 충전에 큰 도움이 된다. 우리 액티브 시니어들도 자기 자신을 위해 용기를 가지고 지금 여행을 떠나보자! 삶이 더욱 풍요로워지고 행복해질 것이다.

5장

행복한
시니어의 삶

류창희

- 중앙대학교 교육대학원 석사 졸업
- 이화여대 평생교육원 시니어플래너지도사과정 강사
- 시니어플래너지도사
- 액티브시니어지도사

인생의 아름다운 마무리

가정과 사회에 기여하느라 청춘을 바친 시니어는 이제 자신을 돌보고 스스로에게 보상을 줄 시기를 맞이했다. 선물 같은 앞으로의 시간을 더욱 의미 있고 풍요롭게 보낼 방법에 대해 고민해 볼 시간인 것이다.

'아름다운 마무리는 살아온 날들에 대해 찬사를 보내는 것, 타인의 상처를 치유하고 잃어버렸던 나를 찾는 것, 수많은 의존과 타성적인 관계에서 벗어나 홀로 서는 것이다.'

법정스님의 말씀이다. 이 말씀이 시사하는 의미는 행복한 시니어가 추구하는 삶의 방식과 다르지 않다. 필자는 시니어들에게 그들의 미래에 대한 큰 그림을 그려볼 것을 추천하며, 액티브 시니어가 되기 위해 꼭 필요한 세 가지 방법을 그려보았다.

그 첫째는 품격이고, 두 번째는 시간을 잘 활용하는 것, 마지막은 여가생활이다.

시니어가 간직한 품격은 배려심에서 시작되어 따뜻하고 편안한 관계를 형성한다. 또한 자신의 삶을 사랑할 줄 아는 시니어는 주어진 시간을 값지게 활용하며, 여가 시간을 다양한 활동을 통해 좀 더 의미 있고 윤택하게 보낼 수 있다.

액티브 시니어에게 요구되는 품격

액티브 시니어란 은퇴 이후에도 소비생활과 여가생활을 즐기며 사회활동에도 적극적으로 참여하는 50~60대를 칭한다. 품격 있는 액티브 시니어가 되기 위해서는 다양한 사람과 세대를 아울러 소통하는 능력이 필요하다. 특히 살아온 시간의 폭이 넓은 젊은 층과 공감하고 소통하려는 노력을 해야 한다. 이때 멀티미디어 세대인 현재의 젊은이들과 SNS의 장을 활용해 소통하려고 노력한다면 더욱더 가까워질 수 있다. 그들의 문화와 언어를 이해하고 공감하는 것은 단절이 아닌 유대의 시작이며 더불어 함께하는 가치를 창출할 기회를 마련해준다. 그들의 문화를 이해하면서 그들의 눈높이와 자주 사용하는 언어를 이해하고 소통하는 것이 효과적이다. 편견 없이 열린 마음으로 그들을 바라보며 인생의 경험을 바탕으로 멘토 역할까지 해 줄 수 있는 시니어가 되는 것이다. 이때에도 자연스레 축적되어온 삶의 지혜나 방법을 젊은 세대에게 강하게 관철하려고 하는 것이 아니라 그들 스스로 결정하도록 마음을 열고 소통하는 것이 중요하다.

영화 〈인턴〉은 70대 시니어 인턴과 30대 CEO 사이에서 일어나는 갈등을 그린다. 영화 속 시니어 인턴의 삶에서 드러나는 다양한 품격은 액티브 시니어들의 삶을 풍요롭게 도와줄 수 있는 요소를 담고 있다. 많은 부분에서 기성세대와 신세대와의 갈등을 자연스럽게 풀어나가는 시니어의 품격을 엿볼 수 있다.

사실 세대 간극만큼이나 이들의 만남은 첫 대면에서부터 어색하고 불편하다. 그러나 시니어 인턴이 가진 오랜 직장생활의 경험과 지혜는 젊은 CEO의 선입견을 긍정적 이미지로 탈바꿈시킨다. 그는 회사의 중요한 일에 대한 고문으로 거듭난다. 이 과정에서 그는 어떠한 경우에도 품위를 잃지 않는다. 품격 있는 면모는 세대 간극을 넘어서려는 소통을 위한 노력, 편견 없이 바라보는 열린 마음, 자신의 뜻을 관철시키지 않는 조언가 역할을 통해, 동료들을 위한 배려심으로 나타난다.

즉, 이 영화의 시니어 인턴을 통해 우리는 멋진 액티브 시니어가 되기 위한 힌트를 얻을 수 있다. 기성세대로 권위를 내세우기보다는 편견 없는 시각을 가지고 신세대의 문화를 이해하고 함께 융화하려는 노력이 바로 그것이다. 또한 새로운 시작을 두려워하지 않고 변화를 수용하는 적극적인 배움의 자세를 몸소 실천해야 한다.

하루를 1년 같이 보내는 시간의 소중함

누구나 한 번쯤 시간을 거꾸로 돌릴 수 있다면 하고 상상해본 적이 있을 것이다. 20년 전으로 돌아간다면 무엇을 가장 하고 싶을까? 미국 심리학과 엘렌랭어 교수는 시간 거꾸로 돌리기 연구를 통해 놀라운 결과를 발견한다.

연구는 70대 후반에서 80대 초반의 남성 8명을 대상으로 6박 7일간의 시간 여행을 실행한다. 모든 환경을 20년 전으로 돌려 청소나 설거지 집안일 등을 스스로 하고 인테리어나 신문 잡지, 심지어 TV 프로그램이나 뉴스까지 20년 전 그대로를 재현했다. 그들의 대화도 20년 전을 현재처럼 구성한 상황에 맞게 느끼고 말하고 행동하도록 했다.

실험 종료 후 신체검사를 했더니 실험 전에 자신의 몸도 가누기 힘들었던 피실험자들의 시력, 청력, 악력, 지능, 기억력 등이 모두 50대 수준으로 되돌아갔다. 정신이 육체를 지배한다는 놀라운 결과를 확인한 실험이다. 마음이 육체를 지배한다는 말이 증명된 것이다.

나이가 들어서 제2의 새로운 일을 시작하기 힘든 경우가 있다. 그러나 이 성공 사례를 보면 새로운 도전에 대한 성취 여부에 나이는 중요하지 않다. 나이는 우리를 안주하게 하는 핑계에 불과하다. 지난 과거의 시간을 아쉬워하기보다는 오늘 현재 지금 이 순간에 충실한 삶을 살아가는 것이 중요하다.

기욤 뮈소의 소설 〈지금 이 순간〉은 우리에게 주어진 하루의 의미를 다시 생각하게 한다. 주인공 아서는 아버지로부터 24방위 바람의 등대를 상속받게 된다. 그는 등대 지하실에 폐쇄된 문을 절대로 열지 말라는 금기 사항을 어겨 등대의 저주에 빠진다. 그 후 그는 1년에 단 하루만 허락된 삶을 살게 된다.

그는 불가항력적인 힘에 이끌려 번번이 예측 불가능한 시공간에서 곤욕을 치르지만 그 속에서 살아가는 방법을 찾는다. 저주를 거부하려고 하면서도 대응하기 위한 어떠한 행동도 취할 수 없기에 주어진 시간이 그에게는 소중함 그 자체다. 그래서 1년에 단 하루밖에 살 수 없지만 그 시간 속에서 사랑하고 결혼하고 아이의 아버지가 되어 살아간다. 자신이 어느 공간에 떨어질지 모르기 때문에 항상 떠날 만반의 준비를 한다. 심지어 세월이 흐름에 따라 주어진 시간이 점점 줄어들어 하루 24시간이 그에게는 그 이상의 의미를 지니게 된다. 우리가 생각하는 이 짧은 하루가 그에게는 1년이라는 시간이기에 한순간 한순간을 삶의 의미와 가치를 발견하기 위해 노력한다. 삶의 조건을 불평하는 것이 아닌 지금 이 순간에 최선을 다하는 삶을 선택한 것이다.

이 소설은 하루가 단순히 24시간이라는 물리적 시간을 의미하기보다는 어떻게 활용하느냐에 따라 1시간이 될 수도 있고 1년이 될 수도 있음을 시사한다.

하루 24시간은 누구에게나 공평하게 주어진다. 지나간 과거에 연연하기보다는 현재 시간을 어떻게 활용하는가에 따라 미래의 명암이 결정될 수 있다.

더욱 풍요로운 여가생활을 위하여

소중한 액티브 시니어의 여가 시간을 어떻게 하면 좀 더 보람되고 행복한 시간으로 구성할 수 있을까? 여가 활동의 유형은 크게 순수 레저형, 자원봉사형, 그리고 파트타임으로 나눌 수 있다. 순수 레저형은 등산, 여행하는 것, 악기 다루는 것 등이다. 자원봉사형은 교육이나 상담 또는 관련 자격증을 취득한 사람들이 자원봉사하는 것을 의미한다. 이처럼 다양한 취미 활동을 통해 풍요롭고 의미 있는 여가생활을 만들 수 있다.

취미는 동적인 것과 정적인 것, 혼자 하는 것과 타인과 함께 하는 것으로 나눌 수 있다. 주로 독서, 글쓰기, 악기 배우기 등은 개인이 혼자 할 수 있는 여가 활동이고, 함께하는 것에는 동호회를 통한 등산이나 운동, 악기 합주, 합창 등이 있다. 정적인 것과 동적인 것, 혼자 하는 것과 같이하는 취미생활을 골고루 병행하면 주변 사람들과의 소통과 유대감 형성에 도움이 되고 색다른 즐거움을 맛볼 수 있다.

아래에서 액티브 시니어가 할 수 있는 다양한 취미생활을 알아보자.

❖ 건강을 위한 스포츠댄스

최근에 스포츠댄스가 각광받고 있다. 스포츠댄스는 생활체육의 일환으로 일반인들에게 권장되면서 관심을 얻기 시작했다. 무한도전과 같은 예능 프로그램을 통해 큰 인기를 얻으면서 남녀노소 가리지 않고 더욱 넓게 확장되었다.

스포츠댄스가 시니어에게 주는 이점은 음악에 맞춰 몸을 움직이면서 좋은 에너지를 만드는 것이다. 몸이 유연해지면서 정신적으로 육체적으로 건강해질 수 있는 것이 스포츠댄스의 장점이다. 한 시니어는 취미로 시작했으나 댄스 경연을 통해 자신의 잠재력을 발견하게 돼 멋진 모습을 선보였다. 더 나아가 최근에는 장애인스포츠댄스협회에서 요직을 맡으며 더욱 보람된 시간을 통해 사회적 배려차원에서도 큰 기여를 하고 있다.

❖ 마음을 살찌우는 독서

좋은 책 한 권엔 인생을 변화시키는 힘이 있다. 시니어의 정신세계를 더욱 풍요롭게 하기 위해서는 독서가 필수적이다.

헨리 데이비드 소로는 '한 권의 책을 읽음으로써 자신의 삶에서 새 시대를 본 사람이 너무 많다'고 했다. 한 권의 책을 통해서 나와 세계를 인식하는 기회를 가질 수 있다. 자신과 자신이 속한 세계를 이해하는 과정은 내 삶을 좀 더 나은 길로 인도한다.

독서활동으로 습득된 다양한 지식과 간접 경험은 시니어의 판단력 향상에 도움이 된다. 책은 저자의 지식을 재가공해서 독자에게 전달하는 매체라 할 수 있다. 저자가 가공한 실제적 경험 또는 허구적 세계를 통해 독자는 다양한 경험이 가능하다. 이렇게 얻은 전문적인 지식과 간접 경험은 실제 자신의 문제 해결에 있어 중요한 판단의 토대가 된다.

필자도 10년쯤에 책 한 권을 통해서 삶의 전환점을 맞았다. 자녀들의 꿈을 키우는 엄마의 자리에서 나의 꿈을 함께 키우게 되었다. 이를 통해 새롭게 배움을 시작했고, 이를 계기로 현재는 어렸을 때부터 꿈꿨던 학생들과 소통하는 강의를 하고 있다. 그리고 얼마 전부터는 성인들과도 교감하는 강의를 시작하였다.

많은 사람은 바빠서 책 읽을 시간이 없다고들 하지만 프랑스의 영웅 나폴레옹은 책을 읽느라 바빠서 다른 일을 하기 힘들다고 했다. 외톨박이로 불우한 유년기를 보낸 그는 책과 친했고 책을 통해 습득한 다양한 지식과 간접 경험들이 그의 성공의 열쇠였다고 말한다. 액티브 시니어에게도 책과의 만남을 통해 유익한 시간을 얻기를 권해본다.

❖ 풍부한 감성으로 이끄는 음악의 선율

시니어의 취미 활동에 악기를 빠뜨릴 수 없다. 악기 하나를 다룬다는 것은 좋은 친구를 하나 얻는 것이나 마찬가지이다. 요즘은 반려 악기라 말할 정도로 많은 시니어 분들이 악기를 배우는 데 공을 들이고 실제로 아마추어 오케스트라에 입단해 멋진 연주를 자랑하기도 한다. 악기 연주는 손을 다양하게 쓰면서 뇌를 자극하여 뇌 건강에도 도움을 줄 수 있고 평소에 닦은 실력으로 무대에 서면 여러 사람과 소통할 기회를 얻기 때문에 더욱 매력적이다.

필자도 10여 년 전 처음 만나게 된 첼로와 이제 뗄 수 없는 소중한 친구가 되었다. 첼로를 벗 삼아 보낸 지난날들을 돌이켜보면 스트레스를 받거나 우울할 때 특히 많은 위로가 되었고, 행복감을 느꼈다. 악기 하나를 다룬다는 것은 이처럼 유익한 점이 많다.

필자의 지인 중 한 분도 70세가 넘어 플루트를 1년 정도 배웠다. 지난 연말 동문송년회에서 연주하였는데 동문들의 환호가 대단했다고 한다. 그 지인은 나를 비롯한 주변 사람에게 좋은 본보기가 되었다.

이처럼 악기 연주는 개인의 배움에서 출발해 함께 즐거움을 공유하는 활동으로 발전한다. 또한 주변 사람에게도 동기부여가 되어 한 가지 취미 활동이 주는 긍정적 파급효과가 상당하다. 필자도 공연 날이면 가족들의 호응과 꽃다발 세례에 벅찬 마음으로 연주에 더욱 몰입하게 된다.

이렇듯 다양한 취미 활동은 시니어의 풍요로운 여가생활을 만들어 준다.

❖ 자신감 업! 시니어 모델!

요즘 시니어들이 자신을 가꾸기 위해 시니어 모델에 도전하는 경우가 상당히 많다. 시니어 모델을 하면 자세교정은 물론 성취감과 자신감을 얻는다. 이 도전을 통해 시니어 모델 활동도 하고 평소 스타일도 눈에 띄게 좋아져서 주변 사람들에게 선망의 대상이 되기도 한다. 새로운 도전은 사람을 이렇듯 크게 변화시킨다.

시니어 모델의 대표적인 예로 카르멘델 오레피스가 있다. 그녀는 미국인으로 어려서부터 모델 활동을 시작해 88세의 나이에도 불구하고 현재까지도 현역으로 활동한다.

자기 관리를 중요시해 온 사람은 나이와는 무관하게 사회활동을 잘한다는 본보기이다. 88년의 세월을 무색하게 만드는 그녀의 멋진 모습은 오랜 시간 건강을 위해 음식과 운동 등 다방면에서 그녀가 얼마나 꾸준히 자기 관리를 철저하게 해왔는지를 짐작하게 한다.

중국의 가장 멋진 할아버지 왕덕순 씨는 지금도 꿈을 가지고 있는 80세 시니어다. 그에게는 '하루아침에 뜬 스타', '가장 멋진 할아버지'라는 수식어가 붙는다. 하지만 그는 현재의 모습을 갖기 위해 장장 60년을 준비했다. 24살에 연극배우를 했고 44살에 영어 공부를 시작했으며 49살에 마임 극단을 만들었다. 50살에 휘트니스 센터에 가서 운동을 시작했고 57세에 다시 한 번 무대 위에 섰다. 그리고 살아있는 조각상이라 불리는 예술로 세계에서 하나밖에 없는 예술형식을 만들었다. 70세에 복근을 만들기 시작했고 79살에 런웨이에 섰다. 지금도 꿈이 있고 이루고자 하는 것들이 남아 있다.

그는 우리에게 이렇게 조언한다. "절 믿으세요. 사람의 잠재력은 발굴할 수 있습니다. 당신이 너무 늦었다고 말할 때, 당신은 반드시 신중해야 합니다. 그것이 당신을 뒤로 물러서게 하는 변명일 겁니다. 누구도 당신의 성공을 저지하는 사람은 없습니다. 당신을 제외하고 말입니다. 자신이 빛을 발해야 할 때 절대로 자기 자신이 뒤로 물러서는 걸 용납해주지 마세요."

왕덕순 씨의 감동적인 삶과 조언은 어떤 일을 시작하고, 새로운 것을 성취하고자 할 때, 물리적인 나이는 전혀 문제 되지 않음을 보여준다. 주변을 보면 자신의 나이를 생각하며 도전을 주저하는 분들이 많다. 지금 하고 싶은 것, 배우고 싶은 것이 있다면 망설이지 말고 지금 바로 도전해라!

❖ 에너지 재충전의 시간, 여행

기분 전환에 여행만큼 좋은 것은 없다. 지친 일상에서 벗어나 에너지를 재충전하는 시간이 되기 때문이다. 자신을 돌아보는 성찰의 시간을 갖게 되어 다시 열정적으로 삶에 복귀하도록 하는 것이 여행이다.

여행을 통해 새로운 문화를 접하고 세상을 보는 시야와 사고의 폭도 넓어지면 인생의 전환점이 되기도 한다. 이런 유익한 점 때문에 여행은 많은 이들의 버킷리스트에 빠지지 않고 들어가는 것일 테다.

　외국여행을 할 때 많은 분이 여행사 패키지 투어로 가는 경우가 많은데 때론 용기를 내어 자유 여행을 가보는 것을 권한다. 여유롭게 현지 문화를 더 다양하게 경험할 수 있다. 필자도 어린 자녀들과 함께한 홍콩 자유 여행은 힘들기도 했지만 패키지 여행과는 다른 색다른 경험이었다. 그 시간은 여전히 온 가족에게 잊지 못할 추억으로 남아 있다.

　여행을 가려면 바쁜 일정을 조정하는 용기가 필요하다. 먼 훗날 지난 시간을 덜 아쉬워할 수 있도록 크게 심호흡을 한번 하고 떠나자! 그동안은 일과 육아로 여행을 미뤘다면 이제는 용기를 내보자. 우리에게 주어진 이 축복 같은 시간을 만끽하는 것도 멋진 시니어의 삶이 아닐까 싶다.

❖ 행복 지킴이 자원봉사

　개인적인 차원을 떠나 우리 시니어의 재능과 마음을 나누는 것이 자원봉사이다. 자원봉사의 매력은 의미 있게 시간을 활용하여 성취감과 자존감을 올리는 데 있다. 누군가에게 도움을 줌으로써 얻게 되는 뿌듯함은 의도하지 않게 도움을 받은 사람보다 도움을 준 사람에게 더 행복함을 맛보게 한다. 더불어 사회 발전에 기여함은 물론 우리가 봉사하는 모습만 봐도 주변에 멋진 감동을 준다.

　봉사활동의 역할과 기능에 대해서는 여러 연구 결과를 통해서도 확인할 수 있다. 헬퍼스 하이는 봉사활동을 함으로써 혈압과 콜레스테롤 수치가 내려가고 엔도르핀이 올라가서 봉사한 사람이 더 건강해진다고 한다. '테레사 효과(The Mother Teressa Effect)' 역시 선행하거나 남이 선행하는 것을 보는 것만으로도 면역력이 상승하는 효과를 증명했다. 이런 효과는 봉사의 지속성으로 연결된다.

필자 역시도 장애인 학교나 장애인 복지관에서 봉사한 날이면 도움을 주는 만큼 그것이 나에게는 행복과 뿌듯함으로 다가온다. 이런 정서적 충만감이 봉사활동을 지속하게 해주는 원동력이 된다.

사무엘 울만의 청춘이라는 시를 보면 '청춘이란 인생의 어느 기간을 말하는 것이 아니라 마음의 상태를 말한다'라는 구절이 있다. 젊은 청춘의 마음으로 더욱 열정적으로 다양하게 여가생활을 하고 봉사활동을 한다면 스스로 되고 싶은 나이가 바로 자신의 사회활동 나이가 될 것이다.

　행복한 시니어의 삶은 자신의 가치를 인정하고 가꾸어가는 삶이 아닐까? 프랑스 작가 기욤 뮈소는 그의 작품 속에서 '인생에서 가장 아름다운 날들은 우리가 아직 살지 않은 날들'이라고 했다. 이 글이 우리 시니어들의 소중한 오늘과 내일을 좀 더 활기차고 의미 있게 살게 함으로써 멋진 삶을 만드는 데 도움이 되었으면 한다.

　행복한 시니어의 삶을 응원하며 괴테의 말로 마무리하고자 한다.

　'꿈을 품고 무언가 할 수 있다면 그것을 시작하라. 새로운 일을 시작하는 용기 속에 당신의 천재성과 능력과 기적이 모두 숨어 있다.'

[참고문헌]

＊ 〈지금 이 순간〉(2015), 기욤 뮈소, 밝은세상

＊ 〈아름다운 마무리〉(2008), 법정, 문학의숲

6장

시와 낭송의
미학

이미숙

- 시인/시낭송 낭독지도사
- 동국대 평생교육원 시니어플래너지도사과정 강사
- 액티브시니어지도사
- (사) 세계전통시인협회 이사
- (사) 한국시조시인협회 회원
- 국제시낭송연합회 회원
- 안양시울림시낭송협회 회원

시를 쓴다는 것

　자신이 갖고 있는 재능이나 개성적인 삶을 통해 무엇인가를 열망하는 마음은 우리 모두에게 있다. 그러나 이러한 개성을 통한 새로운 창조는 하루아침에 터득되거나 단련되는 것은 아닐 것이다. 누구나 행복한 삶을 추구한다는 점은 일치하지만, 그 행복의 실체에 대한 파악과 노력은 각양각색이다. 그러나 행복은 어떤 목적이나 결과가 아니라 그 길을 가는 과정일 것이다. 생각해보면 나 또한 많은 사람 속에서 하나의 의미가 되기 위해 열심히 달려왔다고 생각한다.

　그중에서도 1995년 등단 이후, 초등, 중등 글쓰기 지도교사로 활동하면서 학생들과의 만남은 내게 참으로 특별한 인연이었다. 우리가 알아야 할 것들은 어디에나 있고 우리의 지식을 연마하는 것은 박식한 학자들을 통해 얻어지는 것만은 결코 아니다. 그들의 순수하고 맑은 동심을 통해 오히려 나 자신이 순화하고 성장하였기 때문이다.

　글쓰기 지도교사를 그만둔 지는 몇 년 전의 일이지만, 미완성이라는 여백으로 커다란 가능성을 내포하고 있는 고귀한 존재들과의 만남은 지금의 나를 만드는 소중한 자원이 되었다. 그래서 나이가 들수록 시의 마인드맵을 펼쳐가며 학생들과 시를 쓰고 낭송했던 그 시절을 떠올리곤 한다.

❖ 시의 마인드맵

1. 경험적인 구체적 언어로 생각 또는 느낌을 쓴다.
2. 우리의 세계를 예사로 보아 넘기지 않고 세심한 관찰력으로 살펴본다.
3. 시를 통해 나 자신과 대화하고 나 자신을 탐구할 수 있어야 한다.
4. 남이 이해할 수 있는 시를 쓴다.
5. 적절한 낱말을 골라서 짧게 쓴다.
6. 운율을 살려서 쓰거나 글 속에 운율이 들어있게 한다.
7. 비유적인 표현으로 글의 생생한 감동을 살려낸다.
8. 내용을 다 쓴 다음에는 읽어보고 자연스럽게 고친다.

시를 이루는 언어적 요소는 말뜻, 소리, 형상(이미지), 어조의 네 가지로 나뉜다. 그중에서도 중요한 것은 언어이다. 시에서 운율, 내용, 표현은 모두 언어로 이루어진다. 시의 구성은 행과 연으로 구분되어 한 편의 시를 이루는 것을 볼 수 있으며, 하나 이상의 행이 모여 연을 이루고, 하나 이상의 연이 모여 시를 이룬다.

시는 형식에 따라 분류하면 크게 정형시와 자유시, 산문시로 나눌 수 있다. 정형시는 구조, 어구, 길이, 리듬 등의 일정한 형식적 제약 속에서 표현된 시이고, 자유시는 자유로운 리듬과 표현으로 이루어진 현대시이며, 산문시는 일정한 운율을 갖지 않고 자유로운 형식으로 내재율의 조화에 맞게 쓰는 산문 형식의 서정시이다.

시의 속을 잘 들여다보면 소재와 주제로 나눠볼 수 있다. 시의 소재는 잘 찾아낼 수 있지만 주제는 겉으로 드러나지 않고 시 속에 숨겨져 있기도 하다. 시의 외형률은 규칙적으로 쓰는 데서 생기는 운율이고 내재율은 그러한 규칙이 없어도 글의 내부에서 생기는 운율이다.

❖ 쉽게 시 쓰는 방법

1. 느낌이나 상상한 내용에 비중을 두고 선명한 이미지를 나타낸다.
2. 사물을 데려와 사물이 대신 말하게 한다.
3. 글에 느낌과 감동을 담기 위해 비유로 나타내본다.
4. 리듬(운율)을 살려 압축적이고 절제된 언어로 표현한다.
5. 경험한 것과 자신의 생각을 써본다.
6. 도치법을 활용하여 글에 변화와 생동감을 준다.
7. 겉꾸밈이 아니라 참된 마음이 깃들게 한다.
8. 산문을 운문으로 바꾸어 써본다.
9. 목소리를 가다듬어 내용의 의미를 생각하며 낭독해본다.

시의 마인드맵을 따라 시 쓰기를 하다 보면 시가 얼마나 아름다운 언어이며 진실 된 감정의 표현인지 깨닫는다. 특히 시를 쓰고 낭독함으로써 더욱더 폭넓은 상상력을 키울 수 있다. 자신이 쓴 시를 다른 사람에게 들려준다는 점에서 학생들은 조금 설레기도 하고 쑥스러워하기도 했지만 그런 기회를 통해 자연스럽게 낭독과 낭송에 적응해 나가고 자신감을 갖게 되면서 재미도 더해갔다. 마지막에 자작시를 낭독하는 것은 수업의 하이라이트였다. 모두가 숨죽이고 한마음으로 교감하는 모습은 작고 빛나는 무대가 되기에 충분했다. 이렇게 아이들을 지도하면서 오히려 나 자신이 시 창작과 시낭송을 더 배우고 체득하는 결과가 되었다.

그러는 사이 2015년 〈꿈꾸는 이를 위한 삽화〉라는 시집을 출간하게 되었다.

회귀(回歸)

— 이미숙

석류를 샀다
가을을 통째로 사버렸다
졸음에 겨운 노파는
편안한 망각 속에서
어릴 적 내 친구들의
웃음을 팔고 있다

햇살 속에 묻어온
유리알 같은 웃음들
시골집 담장 밑에

몰래몰래 숨어 버린
일기 속 이야기들이
우르르 쏟아졌다

한낮이 안겨준
기막힌 해후다
아잇적에 놓쳐버린
하이얀 반달이 뜨고
이렇게 커버린 계집아이는
시월 밖을 서성인다

— 시집 〈꿈꾸는 이를 위한 삽화〉 중 —

그동안 여러 시인과 함께 쓴 공저가 여러 권이지만 개인시집으로 '사람도 자연 속에 어울려 살아갈 때 더 빛난다'는 마음을 담아 내 품 안에만 있는 독특한 체취로 독자에게 다가갈 수 있었다. 2017년에는 한국시조협회에서 주관하는 '문학상 작가상'을 받으며, 작품성과 예술성을 겸비하여 삶의 실체를 포착하고 독자의 마음에 울림을 주는 시인으로 거듭나고 싶었다.

"언제부턴가 나에겐 작은 울림이 있었다. 시간은 흘러갔고 굳은 땅을 뚫고 하나의 생명이 탄생하듯 나의 언어들이 자라나기 시작했다. 시라는 단어의 순도를 음미하며 하늘을 보고 땅을 딛고 존재의 의의를 찾아간다는 것은 참으로 가슴 벅찬 울림이었다. 수많은 대상에 대한 물음이며 답이 되었기 때문이다.

돌아보면 뿌리를 내리다가도 부러지는 과정을 거듭하며 가지를 뻗어 자라난 나의 시는 어둠에서 밝음으로의 회귀를 갈망했다. 또한 '절제의 선율에서 오는 완결의 미학'인 우리 정형시의 맛을 살려내는 것이 늘 과제였다.

아직도 시의 본향을 향해 가는 길은 멀기만 한데 나의 작은 울림이 세상에 그 첫 발걸음을 내디딘다. 시라는 토양에서 독자들과 함께 동일한 곳을 바라볼 수 있을 것 같아 기대와 설렘이 교차한다(시집 〈꿈꾸는 이를 위한 삽화〉 '시인의 말' 중에서)."

별빛 연서: 평화의 소녀상 앞에서

– 이미숙

지나간 세월들은　　　　어디를 둘러봐도
버려야 살 것 같아　　　　봄빛 더욱 완연한데
맨발로 돌아온　　　　행간에 지운 시간
반점 같은 생이던가　　　　뚝뚝 지는 눈물이라
먼 하늘 생채기 속에서　　　끝끝내 피지 못한 꽃
별들만 붉고 붉다　　　　계절을 비켜 간다

– (사)한국시조협회 문학상 작가상 작품 –

"자기가 무엇이기를 갈망하는 마음은 모두에게 있을 것입니다. 제가 문학의 유전에서 만난 현대시조는 '절제된 선율에서 오는 완결의 미학'으로서 시인의 길을 가는 여정 가운데 참됨과 진실을 만나기 위한 배경이 되었습니다. 사물을 바라볼 때 한눈을 감지 않게 하였고, 일부분을 보며 전체를 말하지 않으려 부단히 노력했던 것도 시의 생명감 때문일 것입니다. 삶이라는 화두 앞에서 실존의 의미와 상상력을 통해 좁은 세계를 탈피하여 자유를 누릴 수 있었고,

설사 그것이 저 자신의 기대에 못 미친다 하더라도 삶의 빛을 발견하는 정신 작용의 하나이기 때문에 부족하지만 작품 속에 작은 밑그림들을 그려낼 수 있었던 것입니다.

앞으로 제가 저 자신에게 주는 과제는 다양하고 다채로운 삶의 실체를 담아 예술성을 겸비할 수 있는 작품을 쓰기 위한 열망입니다. 명예로운 상을 받게 됨을 감사드리며 우리의 유일한 정형시의 전통을 잘 살리면서 현대적 감각이 드러나도록 작품 활동에 정진하겠습니다[2017년 (사)한국시조협회 문학상 작가상 수상 소감 중에서]."

시인에 의해 한 편의 시가 태어나 하나의 의미를 얻는 것이라면, 낭송에 의해 시는 빛깔과 향기가 담긴 목소리를 얻는다. 생각이 글과 말, 행동으로 나타나듯 귀로 듣고 느끼는 감동을 전하기 때문이다. 시낭송을 통한 치유와 정서적인 안정으로 나 자신이 인생의 가을 앞에 서 있다는 회한을 이겨낼 수 있었다.

　이후 시낭송을 통해 문학모임이나 기타 모임에 초대되어 청중들과 소통하는 일이 많아지며 자신감을 가졌고, 좀 더 완성도 높은 시낭송을 하고 싶었다. 그래서 동국대학교 평생교육원 시낭송 과정에서 전문적인 지도를 받았다. 또한 보람 있고 멋진 인생 후반전을 위해 액티브 시니어지도자 과정도 수료했다. 국제시낭송연합회 경기도지부에서 최우수상 수상과 함께 다양한 무대 경험도 쌓아가며, 시가 더욱 행복해지는 세상 속에서 나를 찾아가는 여행을 꿈꾸게 되었다.

나를 찾아가는 여정, 시낭송

❖ 시낭송이란?

시를 쓰는 사람은 시인이지만 운율을 살려 새롭게 재탄생시키는 사람은 시낭송가다. 따라서 시낭송은 '언어 예술의 꽃이며 정신적, 심리적 치유의 문화'이기도 하다. 시의 형식적인 면과 내면적인 심상의 표현을 말의 생명을 빌려 울림과 감동으로 전달하는 행위이며, 아름다운 운율을 창조하는 예술적 행위이기 때문이다. 또한 시낭송은 문자에 의해 인간의 사상이나 감정, 의지, 생각, 사고 등 느끼거나 깨달은 것을 표현하고 전달해 주는 행위이다. 그러므로 시낭송을 효과적으로 잘하려면 다음과 같은 내용을 참고해야 한다.

1. 한 편의 시를 외워서 낭랑한 소리로 읊는 울림의 예술이다.
2. 시에 향기를 불어 넣고 운율과 흐름에 따라 감동을 전하는 공감의 예술이다.
3. 시낭송은 문자와 음성이 조화를 이루어 합쳐진 종합 예술이다.

❖ 창조적 감동을 주는 시낭송

감동을 줄 수 있는 시낭송을 하려면 시를 깊이 이해하고 명료하게 발음하며 자연스럽게 낭송하고 감동을 주면서 자기 색깔을 전달해야 한다.

1. 시적 언어능력을 승화시켜 분석하고 이해하라.
2. 정확한 발음으로 자연스럽게 표현하라.
3. 내가 받은 감동을 입에서 가슴으로 전달하라.

❖ 시낭송을 잘하려면?

시낭송의 생명은 시를 완벽하게 암송하는 데서 출발한다. 자신이 좋아하는 시를 만났을 때 이 시를 여러 차례 묵독한 후 늘 가슴에 품고 다니면서 시간 날 때마다 외우고 반복해서 생각하고 그 의미를 되새겨 본다. 시낭송 훈련이 잘되어 있으면 때와 장소에 상관없이 모두 낭송을 자신 있게 할 수 있다. 시의 생명을 싹틔우는 일이 낭송가가 가장 먼저 생각하고 명심해야 할 일이다.

1. 자신감을 가지고 시낭송을 하라.
   ① 시를 완벽하게 암송한다.
   ② 시의 의미를 파악하면 그 시의 분위기가 자연스럽게 파악된다.
   ③ 시낭송 시 목소리의 자신감이 중요하다.

④ 무대에 나설 때도 자신감을 갖는다.

2. 감동을 줄 수 있는 시 선택이 중요하다.
　　① 애송시 목록을 만들어 둔다.
　　② 자기가 소화할 수 있는 시를 선택한다.
　　③ 자기의 색깔에 맞는 시를 선택한다.

3. 시를 음악적으로 표현하라.
　　① 리듬과 운율을 살린다.
　　② 낭송을 처음 시작할 때는 톤의 설정이 중요하다.

4　연음, 여음, 토음을 잘 활용하라.
　　① 연음: 이어지는 음
　　② 여음: 여운이 남는 음
　　③ 토음: 시 속에 있는 사투리

5. 지나친 기교로 시낭송하지 마라.
　　① 낭송의 최대 관건은 자연스러움이다.
　　② 절제된 낭송을 한다.

❖ 어떤 시를 선택할 것인가?

1. 감동 있는 완성도 높은 시를 선택하라.
2. 기승전결이 있는 시를 선택하라.
3. 적당한 길이의 시를 선택하라.
4. 메시지 전달력이 있는 시를 선택하라.
5. 감정의 기복이 있는 시를 선택하라.
6. 리듬이 있는 시를 선택하라.

❖ 발음연습

시를 제대로 발음하려면 먼저 음성학의 기초를 배운 후 자기의 음색에 맞는 발음, 발성훈련을 해야 한다. 단어 하나하나에 소리음을 어떻게 발음하고 전달해야 하는지, 낭송할 때 묵음으로 처리되는 것은 없는지, 감정을 넣어서 전달할 때 감동의 깊이가 느껴지는지에 대한 체계적 학습과 문학적 소양을 쌓는 이론 교육이 필요하다. 아무것도 아닌 것처럼 생각되지만 실제 큰 소리로 읽어보면 쉽지 않음을 알 수 있다. 발음할 때는 한 글자씩 끊어서 읽어보고 속도를 느리게 읽어도 보고 마지막으로 정상 속도로 읽어본다. 기본적인 요령은 반복하는 횟수에 비례하여 읽는 속도를 차차 빨리하도록 하는 것이다. 장단음을 잘 살리면 말에 리듬이 생겨 읽기가 한결 유연해진다. 작은 소리보다는 큰 목소리로 연습해야 효과가 있다.

❖ 시낭송을 위한 복식호흡

낭송할 때는 호흡을 잘 조절하여야 한다. 시낭송할 때 가장 중요한 호흡은 복식호흡이다. 단전을 통한 발성을 하면 훨씬 깊이 있고 여유 있으며 감동적인 소리를 낼 수 있다. 따라서 좋은 목소리를 위한 올바른 호흡은 바로 복식호흡에 있다. 호흡이 제대로 실리지 않으면 발성이 제대로 이어질 수 없다. 복식호흡은 숨을 들이마셨을 때 배꼽 아랫부분만 부풀어 오르면서 척추에는 힘이 가지 않으며 퍼지는 것을 말하는데 아랫배에서 나오는 소리를 복식호흡이라 한다. 즉 단전에 정신을 집중하고 아랫배의 팽창과 수축으로 숨이 자연스럽게 저절로 들어오고 나가게 하는 호흡이다.

복식호흡은 공기가 뱃속까지 가는 호흡으로 들이마시고 내쉬는 힘에 의해 배가 나왔다 들어갔다 하는 호흡을 말한다. 숨을 들이마셨을 때 배꼽 위와 아래가 동시에 부풀어 오르고 배꼽 위와 척추에도 힘이 간다. 평소 음질이 잘 다듬어지고 음폭이 넓어지며 음의 강약이 조절되는 단전호흡과 복식호흡을 곁들여 익히면 시낭송하는 데 도움이 될 것이다.

❖ 성대보호

과도한 연습이나 음성 혹사 또는 잘못된 호흡법 등으로 성대가 저하되어 대회 당일 소리가 제대로 나오지 않아 낭패를 볼 수 있으므로 아래와 같이 성대를 보호하여 사전에 실수를 방지하여야 한다.

1. 매일 기상 후에 미온수를 마시는 습관을 갖는다.
2. 아침저녁 약 5% 정도의 소금물로 목을 헹군다.
3. 목에 좋은 오미자차나 모과차, 도라지차 등을 평소에 자주 마신다.
4. 맵고, 짜고, 뜨겁고, 너무 찬 음식 등은 먹지 않는다.
5. 머플러나 스카프로 항상 목을 따뜻하게 보호한다.
6. 목소리를 사용하는 4~5시간 전에 소화되기 쉬우면서도 열량이 높은 음식물을 먹으며 약간 부족한 듯 식사하는 것이 이상적이다.
7. 음성이 변하거나 소리가 안 나올 때는 무엇보다도 목을 쓰지 않아야 한다. 소리를 내야 한다면 작은 소리로 될수록 부드러운 소리를 내야 한다.

이렇게 시낭송의 기본적인 요소를 정리해보았다. 그러나 끝맺음은 가장 중요한 말이 압축되어 있는 경우가 많으므로 듣는 사람들에게 감동적인 장면으로 남도록 깊은 인상을 심어줘야 한다. 사람마다 시를 표현하고자 하는 느낌이나 감정이 다르기 때문에 그것을 마무리하여 나타내는 형식과 방법은 조금 다를 수 있다. 그렇지만 인간의 최고의 악기인 음성을 통해 청중에게 감동적인 울림을 주어야 한다는 마음은 모두 다 같을 것이다. 따라서 시의 흐름을 잘 생각하면서 청중의 공감대를 끌어내도록 마무리를 잘해야 한다.

시낭송은 언어 예술의 꽃이며 정신적, 심리적 치유의 문화이다. 이러한 시낭송을 통해 노년기의 심리적 질환을 치유할 수 있다는 보도를 접하였다. 이 보도에 따르면 "시낭송을 통해 노년기의 심리적 치유상태를 분석한 결과, 고령화가 될수록 심리적 치유상태가 우수하다"는 것이다. "심리적 질환자 중 123명에 대해 노년기 중심으로 설문조사 문항을 설계해 시낭송을 통해 변화 사고, 변화 감정, 변화 행동, 시낭송 참여 후 자신에게 변화 등을 세분화하여 분석한 결과, 고령화가 될수록 심리적 치유상태가 우수하다는 결과를 보였다"고 한다. 현대인이 공통적으로 겪는 마음의 병을 치유한다는 점에서 매우 긍정적이라는 생각이 들었다.

연구 자료에 의하면 "시낭송의 치유방법은 시 듣기, 시낭송, 시 구상, 시 쓰기, 시 읽기 등이다. 시낭송을 통하여 정신적 질환을 치유하는 활동이 시낭송 치료이다. 시낭송 치료는 심리적 질환자 중심으로 물리적으로 치유하는 방법과 정신적 질환의 예방적 치유 등으로 동시에 행해지는 방법이다. 오늘날 급속한 고령화 사회에서 심각한 문제로 대두되고 있는 심리적 질환자의 치유에 대해 연구하고자 했다"고 밝혔다.

현대 사회는 급속하게 고령사회로 진입하고 있다. '100세 시대'라 일컫는 이 시대에 과학의 발달과 함께 삶의 질이 향상되지만, 사회는 더욱 복잡화해지고 인간의 삶은 서정과 낭만을 일깨우는 자연친화적인 삶에서 멀어져 가고 있다. 그로 인해 심리적 질환 등으로 고통받는 사람들에게 문학치유 중의 하나인 시낭송을 잘 활용한다면 삶의 질을 높여 더욱 행복해질 수 있다.

[참고문헌]

* 〈나를 찾는 여행 액티브 시니어 2〉(2018), 한국시니어플래너지도사협회
* 〈꿈꾸는 이를 위한 삽화〉(2015), 이미숙
* '낭송을 통한 노년기의 심리적 치유 상태분석 관한 연구'(2016), 미래일보

7장

지금, 여기에서, 서로와 행복하게 존재하기

이서정

- 한국시니어플래너지도사협회 교육이사
- 동국대 평생교육원 시니어플래너지도사과정 강사
- (주) 이조움커뮤니케이션 대표
- 교류분석상담연구원 연구위원

누구나 인생의 어느 시점에선가 존재론적 고민에 깊이 빠질 때가 있는 것 같다.

인생이란 뭘까? 나는 누구이며 어떤 사람일까? 나는 잘살고 있을까? 그렇다면 어떻게 살아야 잘사는 것일까? 이러한 질문들 말이다.

나의 20대의 사회적 이슈는 IMF 외환위기였다. 이 시기에 대학을 졸업하면서 원하는 일자리를 찾기 힘들었고, 몇 가지 일을 경험하면서 사회에 적응하고 눈치 보느라 정신없었다. 모든 게 서툴고 두려웠으며, 조금 더 좋은 직장에 들어가기 위해 스펙을 쌓고 실력을 키웠다.

30대에는 운 좋게 나의 적성에 딱 맞는 영업일을 하며 성취감을 느낄 수 있었다.

신바람 나게 일하니 고객들이 모여들기 시작했고, 내가 진심을 다한 만큼 그들도 다른 고객을 소개해주었다. 나는 빠르게 성장하였고, 억대 연봉의 일원으로 남부러울 것이 없었다. 누구보다 강도 높게 집중해서 일했고 자신만만했다. 나는 내가 하고자 하는 일에 있어서 한 번도 실패를 경험하지 않고 앞만 보고 달려가고 있었다. 그렇게 계속 꽃길만 걸을 줄 알았다.

그러던 어느 날 암이라는 병마와 마주쳤고, 모든 게 무너졌다. 자칫 교만에 빠질 뻔한 나에게 신은 좌절과 시련을 주셨다. 그동안 내가 그토록 집착해서 이루어 놓은 작은 부, 건강, 열정들이 파도 앞의 모래성처럼 힘없이 사라져버렸다. 인생무상이었고 허탈했다. '나는 너무나 열심히 살아왔는데 왜 나에게 이런 일이….' 이렇게 시작된 내 안의 상실감은 나뿐만 아니라 가장 가까운 가족들에게 폭발했고 그로 인해 모두가 힘들어졌다.

숲 속에 있으면 숲을 볼 수 없듯이, 하나의 긴 사랑이 끝나봐야 나의 허물이 보이듯이, 병으로 인해 잠시 멈추어 보니, 내가 살아온 인생을 한 번 돌아볼 수 있는 시간적 여유를 가지게 되었다.

그 여유 속에 배움이라는 것이 있었고, 교류분석이라는 심리학 이론을 접하게 되었다. 처음으로 에고그램이라는 진단지로 성격분석을 받았는데, 나는 '자기주장형'으로 나왔다. 책임감이 강하고 리더십이 있으며 자기표현에 있어서 솔직하고 분위기를 이끌어 가는 성향이었다. 목표 지향적이며 원칙적이고 통제적인 면이 강하면서도 자유분방하고 자기 하고 싶은 대로 하는 즉흥적인 이중적 성격에 대해서 정확하게 짚어내어 너무 깜짝 놀랐다. 그 뒤 교류분석을 계속 공부하였고 사람의 성격 구조에 따라 대화 패턴이 다름을 알게 되었다. 그렇게 나 자신을 자각하고 하나하나 고쳐가면서 사랑하는 가족과도 예전처럼 다시 좋아졌고, 대인 관계로 고민하는 사람들의 대화 패턴을 바꿔 주기만 해도 관계가 크게 개선되는 것을 알게 되었다.

조그만 목소리가 들렸다.

"괜찮아, 괜찮아, 지금까지 잘해왔잖아. 한 계단 한 계단 목표를 이루어 가는 나도 멋지고, 배우고 느낀 것을 나누어주는 나도 아름답잖아."

내가 나에게 말하고 있었다. 마치 따뜻한 어머니의 속삭임처럼….

어떻게 살 것인가에 대한 답이었다.

그러면 이제 나와 내 주변이 밝아지는 '교류분석'에 대해 알아보자.

교류분석이란?

교류분석은 캐나다 정신분석학자 에릭 번(1910~1970년) 의해 제시된 상담 및 심리이론으로 사람 사이 의사소통 시 어떤 자아 상태에서 교류하는지를 분석함으로 자기 이해와 타인 이해를 통해 원만한 인간관계를 증진하는 목표를 가진 학문이라 할 수 있다.

교류분석에는 크게 3가지 철학이 있다.

첫 번째는 긍정적 존재모델이다. 사람은 누구나 긍정적이며 누구보다 잘나지도 못나지도 않은 'I am OK, You are OK'를 가진다는 것이다.

두 번째는 사고능력 모델이다. 인간은 누구나 스스로 사고하는 능력을 갖고 있다. 인생 초기에 부모로부터 학습돼 스스로의 자율적인 선택과 권리에 의해서가 아닌, 부모로부터의 명령과 금지에 의해 자율성이 유보된 것을 스스로 되찾게 하여 포기된 자율성을 증대시키는 것을 주목적으로 한다.

세 번째는 운명 결단 모델이다. 사람은 생애 초기의 잘못된 조건형성 즉, 자신의 과거 결단을 이해할 수 있으며, 초기의 결단을 새롭게 형성하는 재결단을 선택할 수 있다고 한다. 따라서 긍정적으로 과거의 결정에 대해 재검토하고 초기결단이 타당하지 않다고 판단될 때 새로운 결단을 내려 운명을 개척하게 된다는 것이다.

❖ 우리 안에 존재하는 3가지 성격 구조와 5가지 기능

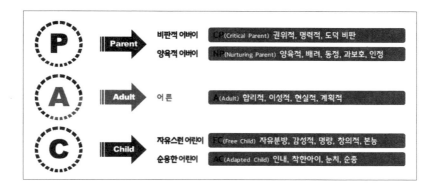

Berne(1961)에 의하면 모든 인간의 마음은 세 가지 자아 상태로 이루어져 있다. 그 세 가지 성격은 특정한 행동의 원천이 된다. 세 가지 자아 상태란 어버이 자아 상태(P), 어른 자아 상태(A), 어린이 자아 상태(C)이며, 각 특성은 또 다른 기능으로 나뉜다.

✳ P(Parent): 어버이 자아 상태

생후 3개월부터 5년간의 경험원으로 부모님의 모방학습에서 형성된 태도 및 행동이라 할 수 있다. 주로 가르침을 받는 나라 할 수 있는데, 무의식적으로 비판적 평가 없이 그대로 받아들여진다.

① CP(Critical Parent): 아버지처럼 권위적이고 비판적인 자아로 개인의 도덕적 가치판단으로 다른 사람들을 비판하거나 명령, 지시 성향이 강한 특성을 갖는다. 자신의 가치관이나 생각이 무조건 옳

다 여기고 비평이나 비난을 거침없이 하는 경향이 있지만 도덕이나 관습적 사회생활에 필요한 규칙이나 규범을 가르치므로 조직을 이끄는 리더십의 장점이 있다.

CP가 지나치면 거만하고 지배적으로 명령적인 말투, 질책 등 비판적인 유형의 사람으로 타인부정형(You're not OK)인 성향을 보인다.

② NP(Nurturing Parent): 보호적이고 양육적인 어머니처럼 배려심과 동정심으로 남을 도와주며 칭찬과 배려심이 많은 특성을 가지고 있다. 다른 사람을 벌하지 않고 용서하고 칭찬하는 생활태도로 타인긍정형(You're OK)인 성향으로 지나치면 과도하게 보호적인 행동을 취할 수 있다.

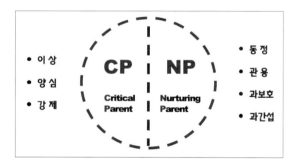

P 자아의 언어, 행동자세, 표정을 예로 들어보자.

언어	～해야 한다, ～해서는 안 돼, 방해하지 마, 착한 아이처럼 굴어라, 분명히, 반드시, 결단코, 두려워하지 마, 걱정하지 마, 너를 돌봐 줄게.
행동자세	손가락질 하며 비난한다, 고개를 끄덕이며 OK 사인을 한다, 위아래를 훑어본다, 미소를 띠며 안아준다, 등을 두드린다, 양보한다.
표정	몹시 불쾌한 표정, 위엄 있는 표정, 어금니 깨물기, 거만한 미소, 인자한 표정.

✱ A(Adult): 어른자아 상태

생후 10개월경부터 어린아이의 자각과 사고가 가능해짐에 따라 스스로 무언가를 해낼 수 있다는 감정에서 형성되기 시작한다. 어른 하면 어떤 사람들인가? 무언가 생각하고 논리적, 이성적, 합리적으로 판단하는 사람이다. A 자아는 여러 가지 자료들이 수집되고 저장된 자료와 새로운 자료들을 근거로 결정을 내리는 보다 선택적이고 독립적인 행동을 하게 만든다. 다른 자아에 비하여 합리적이고 논리적인 사고이기 때문에 지나치면 인간미 없는 기계 같은 사람으로 보일 수도 있다.

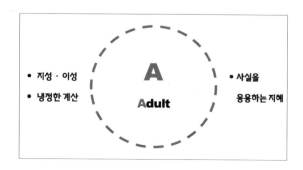

A 자아의 언어, 행동자세, 표정을 살펴보자.

언어	5W 1H, 가능성을 양자택일로 하지요, 사실은 무엇인가요?, 이유는 무엇인가요?, 자료를 조사해 보도록 하죠, 원인을 조사해 보자.
행동자세	똑바르고 자신감 있는 자세, 수준 있는 지적교류, 단정하고 안정적인 자세, 질문하기, 이해와 확인, 관심 보이기 등.
표정	사려 깊은, 주의 깊게 관찰, 생각하고 분석하는 표정, 지금 여기의 반응 등.

✱ C(Child): 어린이 자아 상태

생후 5년간 형성되는 자아 상태로, 가장 먼저 시작된 자아다. 가장 원초적인 배고픔, 대변활동 등 만족과 불만족, 유쾌와 불쾌의 경험에 감각적인 반응을 하며, 이 시기 외적 사건들의 느낌이 감각적 반응을 하며 체계화되는데 이때 긍정적 감정(I'm OK)과 부정적 감정(I'm not OK)이 형성된다. 어버이 자아처럼 어린이 자아도 기능적으로 두 가지로 나눌 수 있다.

① FC(Free Child): 자유로운 어린이 자아로 자유롭고 충동적이고 호기심과 욕구가 많고 무엇인가 갈구하고, 계산 없이 행동하는 어린아이와 흡사한 자아이다.

결과를 따져 보지 않고 하고 싶은 대로 충동적으로 행동하기 때문에 감정에 솔직하고 창의력과 직관력이 뛰어나 예술가적 소질이 높은 편이고 상사나 부모, 연장자의 반응에 구애받지 않고 자발적으로 자기 긍정(I'm OK)적인 면이 강하다.

② AC(Adapted Child): 양육자나 조련자에 의해 훈련된 자아로 고분고분한 어린이 모습으로 합리적이든 불합리하든 자신의 의견을 내세우지 않아 착한 아이처럼 행동하고 조직에 순응하는 편이다. 그러나 극단적으로 반항적인 표현을 하기도 한다. 자기 의견을 표현하지 못하는 경향이 높아 자기부정(I'm not OK)적인 면이 강하다.

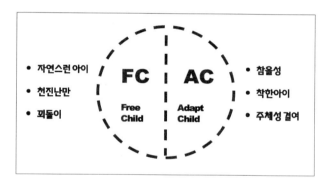

C 자아의 언어, 행동자세, 표정을 살펴보자.

언어	야~, 와우~, 깜짝이야, 하고 싶지 않아요, 재수 없어, 원한다, 나를 사랑해줘, 뭘 봐, 두려워, 도와주세요, 누구도 날 좋아하지 않아.
행동자세	즐거운 모습, 신이 나서 들뜸, 유행하는 머리 모양, 껑충껑충 뛰어다님, 짜증 부리기, 의기소침, 손톱을 깨물다, 고개를 숙인다.
표정	흥분된 표정, 감탄한 표정, 눈을 크게 뜬 표정, 뽀로통한 표정, 침울한 표정, 절망 등.

대화 패턴 분석

다음은 자아 상태에 따른 대화 패턴을 분석해 보자. 대화에는 크게 3가지 패턴 형태가 있다.

❖ 첫째, 상보교류

대화의 발신자가 기대하는 대로 상대가 응답하는 것을 말한다.
즉, 상대의 말을 긍정하는 'OK-OK'의 감정이다.

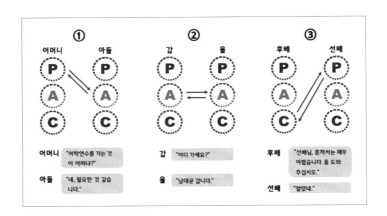

❖ 둘째, 교차교류

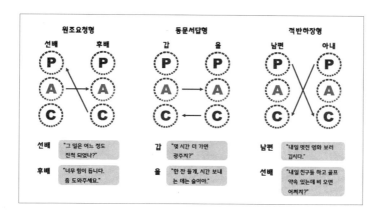

대화 발신자가 기대하는 대로 응답하지 않고 다른 자아 상태를 표출하는 방식이다. 대화의 흐름을 멈추게 하고 커뮤니케이션을 저해해 대인관계도 원만해지지 않는다.이런 대화 방식은 대화의 단절을 유도한다. 물론 화제의 전환이 필요할 경우도 있지만, 원만한 가정생활이나 사회생활을 위해서는 기피하는 게 좋다.

❖ 셋째, 이면교류

진정한 의도를 은밀하게 숨겨 의도를 포함하여 전달하는 것을 말한다. 이는 여러 곳에서 의식적 또는 무의식적으로 교류되는데, 대화를 원만하게 계속하려면 말보다는 이면에 숨겨진 의도를 알아야 하는데 부정적인 교류가 많아져서 대인 관계를 악화시키는 경우가 많다.

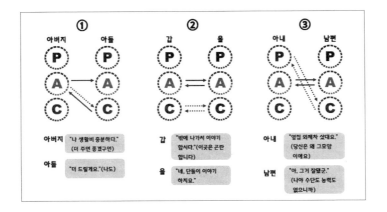

지금 여기서 서로 행복한 존재

이렇듯 교류분석으로 자아 상태와 대화 분석을 통해 우리가 어떤 자아를 사용하며 어떤 방식으로 대화를 유도하느냐에 따라 나와 타인을 이해할 수 있음을 살펴보았다. 나에겐 어떤 자아가 활성화되어 있는지 생각해보고 좋은 점은 극대화하고 부정적인 면은 자제하여 나이와 성별을 뛰어넘는 성공적인 소통을 의식적으로 만들어가야 할 것이다.

우스갯소리로 '사람은 고쳐 쓰는 게 아니다'라고들 한다. 이는 본인이 무엇을 바꿔야 하는지, 무엇을 바꿀 수 있는지 모르고, 자기 객관화가 안 되고, 사회성이 결여되고, 지나치게 자신에게 관대한 본성을 뜻하기도 한다. 그러나 이 사회는 같이 살아가는 곳이다.

결국, 관계 하는 사람들과 행복하기 위해서는 의사소통을 단절시키고 기분 나쁜 감정을 유도하는 교차, 이면 대화를 지양하고 긍정적이고 진심 어린 상보 대화를 하여 공감을 나누는 대화를 해야 한다.

또한 5가지 자아의 긍정적인 면을 활용하고 진심 어린 상보 대화를 통해 자신에게는 자존감을 높이고 타인에게는 존경과 이해심을 보여 최고의 소통과 리더십으로 조금 더 넓은 마음으로 더 여유로움을 갖는 시니어가 되어야 한다.

많은 사람에게 어떻게 살고 싶은지 묻는다면 행복하게 살고 싶다고

답한다. 조사에 의하면 시니어의 행복의 조건 중 으뜸은 '마음을 나눌
수 있는 친구의 수'이다. 물론 그 수를 넉넉한 부로 채울 수도 있겠지만
공감과 배려로 소통하여 함께 다져온 세월의 친구와 비교할 순 없을 것
이다.

행복을 멀리서, 어렵게, 새롭게 찾을 필요는 없다.

지금 여기에서 서로 행복하게 존재하는 여유 있는 시니어의 삶을 응
원한다.

[참고문헌]

* 〈교류분석개론〉(2012), 송희자

8장

에니어그램 성격유형을 통한 자아 찾기

이순월

- 중앙대학교 행정대학원 졸업(사회복지학)
- 총신대학교아동학과학부강의(전)
- 서정대학교강의(전)
- 구립어린이집 원장(현)
- 이화여자대학교/연세대학교평생교육원강의(현)
- 시니어플래너지도사과정 강사

우리는 서로 다른 성격을 가지고 태어났으며 선천적으로 타고난 성격이 따로 있다. 똑같은 상황에서도 유형별에 따라 무의식 속에 잠재된 서로 다른 행동유형을 보인다. 우리는 100세 시대를 살고 있다. 100세까지 행복하려면 주변에 좋은 사람이 많아야 한다. 그러려면 나의 장단점을 스스로 잘 알고 다른 사람들과 조화를 이루어 나가는 것이 중요하다. 그러기 위해서는 나의 성격유형을 정확하게 파악하는 것이 중요하다고 할 수 있다. 그러한 의미로 에니어그램에 대해 함께 알아보기로 하겠다.

❖ 에니어그램의 유래

에니어그램의 정확한 기원은 알 수 없으나 '에니어그램 시스템'이라고 불리는 고대의 지혜가 그 유래라고 추정되고 있다. 에니어그램 시스템은 구전되어 온 고대 지혜와 보편적인 진리를 집대성해 놓은 것으로, 기독교, 불교, 이슬람교, 유대교 등 종교의 가르침과 더불어 여러 가지 철학이 포함되어 있다.

유대교에서는 구약성경의 아브라함을 에니어그램의 창조자로 보고 있으나 정확한 근거는 없으며, 현대에는 기원전 2500년경에 바빌론 또는 중동 지방(지금의 아프가니스탄 일대)에서 유래한 것으로 추정하고 있다.

❖ 에니어그램의 역사

에니어그램 시스템은 피타고라스와 신 플라톤학파(기원전 100년경)를 거쳐 그리스와 러시아의 동방정교회(서기 500년경), 이슬람교의 수피즘(14~15세기)으로 구전되었다. 입으로만 전해 내려오던 에니어그램 시스템을 서구에 처음으로 소개한 것은 러시아의 신비주의자 구르지예프(Gurdjieff)이다.

그는 수피즘의 단체인 크쉬밴디스(Naqshbandis)를 통해 에니어그램 시스템을 소개받아 자신이 연구한 것을 1915년에서 1916년 사이에 파리에서 공개하였다. 이후 볼리비아의 이차소(Ichazo)가 1960년대에 칠레 아리카연구소에서 에니어그램 시스템을 기반으로 9가지의 유형을 개발했고 1970년대에 클라우디오 나랑호(Claudio Naranjo)에 의해 미국 기독교계에서 급속도로 확산되었다.

그 후 에니어그램의 신비주의적, 종교 중심적인 접근법에서 벗어나기 위해 구르지예프와 이카조의 에니어그램을 재정리하여 성격심리학적인 접근을 시도하였다.

대한민국에 에니어그램이 소개된 것은 1984년에 박인재가 번역한 구르지예프의 저서 〈위대한 만남(Meeting with remarkable men)〉이 최초이다. 그 후 일부 천주교 사제들을 중심으로 지엽적인 교육이 이루어지다가 우재현이 1997년 한국에니어그램협회를, 윤운성이 1998년에 한국

에니어그램학회를 창설하고 에니어그램을 대중에게 알렸다. 우리나라 최초의 에니어그램 검사지는 우재현이 개발 출판하였으며, 이후 윤운성은 2001년에 표준화된 한국형 에니어그램 성격유형검사를 출판했다.

❖ 에니어그램의 정의와 목적

에니어그램(Ennea+Grammos)이란 9가지 성격유형과 관계를 표시한 도형이다. 사고, 느낌, 행동에 대한 9가지 독특성과 패턴이 있으며 너와 나를 이해하기 위한 기초적인 자료를 제공하는 유형 검사이다. 에니어그램의 첫 번째 목적은 자아를 발견하여 자신을 충분히 이해하는 것이다. 두 번째는 타인을 발견하여 타인을 인정하는 것이다. 환경의 영향을 받아도 내면의 기본 유형은 불변한다는 원칙과 집착에서 벗어나 통합과 균형을 이룬다는 목적을 가지고 있다.

에니어그램에는 3가지 유형이 있는데 가슴형, 머리형, 장형이다.
3가지 유형은 9가지로 나뉘는데 2번 유형에서 1번까지의 유형이 있다. 유형별로 어떤 특성이 나타나는지 간단하게 정리해 보았다.

에니어그램의 유형

❖ **가슴형**

✳ **조력가(2번 유형)**

보호적 모성애적 유형으로 남을 배려하고 남에게 도움이 되는 것을 좋아한다. 반면 소유욕이 강하며 남을 조종하는 성격으로 바뀔 때도 있다. 유명인사로는 마더 테레사, 나이팅게일 등을 들 수 있다.

정이 많고 곤경에 빠진 사람들에게 도움의 손길을 주며 주변 사람들을 도와주는 일을 좋아한다. 타인이 필요로 하는 것에 몰두하지만 타인의 도움이 필요한 자신에 대해서는 자각하지 못한다. 예리한 직감을 가지고 있으며 주위 사람들의 기분을 이해하고 거기에 맞출 수 있기 때문에 적응력이 뛰어난 편이다. 또한 다양한 모습을 가지고 있어 상대방에 따라 다른 모습을 연출할 수 있다.

장점으로는 정이 많으며 사람을 잘 돌보고 적응력이 뛰어나고 직관력이 뛰어나며 마음이 넓고 매사에 열중하고 사람들의 기분을 잘 이해한다.
단점은 순교자처럼 행동하고 돌려서 표현하고 사람을 조종하고 독점

하려 하는 히스테리가 심한 점 등의 특징을 나타내고 있다.

✽ 성취자(3번 유형)

성공 지향적이고, 실용주의적 유형으로서 자기 확신에 차 있고 야망이 있으며 자기도취적이고 적대적 성격도 가지고 있다. 유명인사로는 김연아, 이명박 대통령, 지미 카터, 빌 클린턴 등을 들 수 있다.

항상 효율을 중시하고 성공을 위해서는 자신의 생활을 희생시키더라도 신경 쓰지 않는다. 인생의 가치를 '실패냐 성공이냐'라는 척도로 보고 실적을 중시하는 열정적인 사람으로 일이나 인간관계에서 성공을 꿈꾼다. 자신감이 넘치는 인상으로 주위 사람들에게 좋은 인상을 심어주려 하며 '성공했다', '일을 효율적이고 성공적으로 완수해 냈다'는 것에 가장 큰 만족을 얻는 유형이다.

장점은 낙관적이고 자신감에 넘쳐 있으며 근면하고 유능하며 자신의 힘으로 일을 추진하는 힘이 있으며 정력적이고 실질적인 면 등의 특징이 있다.
단점은 신뢰할 수 없는 행동을 하며 자아도취에 빠져있고 잘난 척하고 자만하며 천박하고, 심술궂으며 지나친 경쟁의식을 갖는 점 등의 특징을 나타내고 있다.

✻ 예술가(4번 유형)

명상적이고 수줍은 유형으로 창조적이고 개인주의적이며 수줍어하는 편이며 우울한 성격을 나타낸다. 유명인사로는 마이클 잭슨, 앙드레 김 등이 있다.

자신은 특별한 사람이라고 자부하고 있으며 무엇보다도 감동을 중시하고 평범함을 싫어한다. 다른 사람들보다 슬픔이나 고독 등도 진하게 느낀다. 타인에 대한 이해심이 많고 사람들을 배려하고 격려하는 것을 좋아한다. 또한 자신을 드라마 속의 연기자처럼 느끼고 있으며 행동에서 패션에 이르기까지 세련된 느낌과 표현력이 풍부하다는 인상을 준다. '나는 특별한 존재이다', '나는 감수성이 풍부하다'라는 자기 모습에 가장 큰 만족을 느끼는 유형이다.

장점은 마음이 따뜻하고 이해심이 많으며 자기 성찰이 뛰어나고 표현력이 풍부하고 독창적이며 직관적이고 사람들을 뒷받침하고 격려하고 세련된 면을 가지고 있다.
단점은 의기소침해 하고 자의식이 너무 강하며 죄책감에 잘 사로잡히는 편이며 도덕을 내세우고 움츠러들고 옹고집을 부리거나 변덕스럽고 너무 깊은 생각에 잠기며 고민에 빠지는 점 등을 들 수 있다.

❖ 머리형

✳ 사색가(5번 유형)

지적이고 분석적인 유형으로 통찰적이며 독창적이다. 반면에 괴짜, 병적 공포심이 많은 성격이다. 유명인사로는 이건희, 이창호(바둑), 프리드리히 니체, 아인슈타인, 프로이트, 빌 게이츠, 에디슨 등을 들 수 있다.

분석력과 통찰력이 뛰어나며 객관적이고 초연한 태도를 일관되게 유지하려고 한다. 현실을 파악하는 관찰력이 뛰어나지만 말이 적고 태도가 조심스럽다. 어리석은 판단을 내리는 것을 두려워하며 일을 시작하기 전에 정보를 열심히 수집해 상황을 정확하게 파악하려고 한다. 또한 고독을 즐기는 경향이 강하고 자신만의 시간과 공간을 매우 중요하게 여긴다. '지혜로운 사람', '현명한 사람', '무엇이든지 잘 알고 있는 사람'이라는 자신의 모습에 가장 큰 만족을 드러낸다.

장점은 분석적이며 끈기가 있고 예민하고 현명하다. 객관적이며 통찰력이 예리하고 자제력이 있는 편이다.
단점은 지적인 면에서 오만한 옹고집을 가지고 있으며 쌀쌀맞고 흠잡기를 좋아하고 내성적이고 소극적인 성격을 가지고 있다.

✳ 충성가(6번 유형)

의무적 전통적 유형으로서 호감형이며 책임감이 강하나 반면 의존적인 성향도 강하다. 유명인사로는 장세동 등을 들 수 있다.

책임감이 강하고 안전을 추구하는 유형으로 친구나 자기가 믿는 신념에 가장 충실한 사람들이다. 전통이나 단체에 강한 충성심을 갖고 있으며 공동체에 대한 헌신이 대단하다. 신중하며 거짓말을 모르는 그들은 협조적이며 조화를 이루며 믿음직스럽다.
상대에게 호감을 주는 유형으로 '책임감이 있다', '신실하다', '충성스럽고 믿을만하다'라는 말에 가장 큰 만족을 얻는다.

장점은 충실하며 남들에게 호감을 주며 다른 사람들을 가족처럼 돌보고 마음이 따뜻하며 정이 많고 실질적인 면이 많으며 책임감이 강하다.
단점은 경계심이 지나치게 많으며 자신을 지나치게 방어하며 사고에 유연성이 없는 점 등을 동시에 가지고 있다.

✱ 낙천가 (7번 유형)

극도로 활동적이며 개방적 유형이며 정열적이고 완벽한 성격도 가지고 있다. 과도하며 광적인 성격도 가지고 있는 열정적인 유형이다. 유명인사로는 스티븐 스필버그, 노홍철, 짐 캐리 등을 들 수 있다.

모든 일을 낙관적으로 보려고 하며 밝고 명랑하며 자기 주변에서 즐거움을 찾아내는 능력이 뛰어나다. 좋아하는 사람들이 주변에 많이 있으며 자기 자신도 매력적인 인간이 되려고 노력하며 아이디어와 상상력이 풍부하며 호기심이 많다.

'항상 즐겁다', '너무나 유쾌하다', '앞으로 계획이 무궁무진하다'라는 것에 만족을 얻는다.

장점은 즐거운 일을 좋아하고 호기심이 많으며 자주성이 있고 상상력이 풍부하다. 열정적이며 신속하고 자신감에 넘쳐 있으며 매력적인 모습 등을 보이는 유형이다.

단점은 자기 자신에 도취되고 충동적이고 어느 하나에 집중하지 못하고 반항적이고 자제력을 잃어버리며 광적인 상태에 빠져 도박이나 중독에 빠질 수도 있으며 안정감을 상실하는 모습을 보여주기도 한다.

❖ 장형

✱ 지도자(8번 유형)

강력하고 지배하는 유형으로 자기신념이 강하고 단호하며 독재적이고 파괴적인 성격도 함께 가지고 있다. 유명인사로는 히틀러, 나폴레옹, 마틴 루터킹 등을 들 수 있다.

자신이 옳다고 생각하는 것에 대해서는 전력을 다해 싸우는 전사다. 용기와 힘이 넘치고 허영심 등을 재빠르게 꿰뚫어 보며 그것에 결연히 대항한다. 권력 구조를 파악하는 능력이 뛰어나며 자신의 강한 힘을 발휘할 수 있는 위치를 확보하는 능력도 갖추고 있다. 거드름을 피우지 않고 성실하며 약자를 옹호하고 보호하려고 하며 '할 수 있다', '힘이 넘친다'라는 자신의 모습에 가장 만족을 느끼는 유형이다.

장점은 단도직입적이며 권위가 있으며 성실하고 정력적인 모습을 보여준다. 허세를 부리지 않고 자신감 있는 모습도 보여준다.
단점은 타인을 조종하려 하고 반항적인 모습, 둔감하고 오만하며 자기중심적이고 억지를 부리는 모습을 나타낸다.

✳ 중재자(9번 유형)

태평하고 사양하는 유형으로 매사에 수용적이며 믿음직스러운 모습을 보인다. 건강하지 않을 때는 수동적이고 억압적인 성격을 나타낸다. 유명인사로는 로널드 레이건 등을 들 수 있다.

갈등이나 긴장을 피하는 평화주의자로 자신의 내면이 혼란스러워지는 것을 싫어한다. 다른 사람들에게 쉽게 동화되기 때문에 주위 사람들의 영향을 받기 쉽다. 그러나 좋은 환경에 있으면 마음이 넓고 동요되는 일이 없으며 강한 인내심을 보인다. 편견이 없고 다른 사람의 기분을 이해할 줄 알기 때문에 타인의 고민도 잘 들어준다. '안정감'과 '조화'로 넘쳐 있는 상태에 가장 큰 만족을 느끼는 유형이다.

장점은 붙임성이 있으며 온순하며 마음이 넓으며 인내심이 강하며 넓게 받아들이고 타인의 심정을 이해하고 타인의 처지에서 생각하는 성향이 강하다.

단점은 현실적인 대처를 잘하지 못하고 자신과 관계없는 일에는 무관심하며 옹고집을 부리고 둔감하고 나태하며 마음이 연약한 점 등을 들 수 있다.

✳ 개혁가(1번 유형)

합리적이고 이상적이며 원칙을 중요하게 생각하는 유형이다. 건강하지 않을 때는 규범적이며 완벽주의적이며 편협한 성격을 나타내기도 한다. 유명인사로는 마거릿 대처, 박정희 등을 들 수 있다.

매사에 완벽함을 도모하고 스스로 이상을 건설적인 자세로 추구하며 이를 위해 노력하고 항상 공정함과 정의를 염두에 두고 정직하고 신뢰할 수 있는 성품으로 자신의 윤리관에 자신을 갖는다. 인상이 깔끔하고 항상 자제하는 자세를 잃지 않고 '해야 한다'라는 말을 자주 한다. '자신은 올바른 길을 걷고 있다', '매사를 정확하게 파악하고 있다'라는 생각에 만족감을 느낀다.

장점은 신뢰할 수 있는 모습과 똑똑하고 이상주의적 사고, 공정, 정직, 정확, 자제력 있는 특성을 보이며 단점은 선악의 기준으로 판단하기 쉬우며 완고하고 독선적이며 강박관념을 가지고 있다. 흠잡기를 좋아하며 지나치게 꼼꼼하며 사람을 조종하려 하는 특성도 나타내고 있다.

이상 에니어그램 성격유형에 대한 보편적인 성향에 대해 알아보았다.
이 밖에도 성격유형은 미세한 부분으로 분류되기 때문에 나의 성격유형에 더욱더 관심을 가지고 접근하면 좋겠다.

이 글을 계기로 나와 다른 사람에 대한 관심을 가지고 더욱더 소통하고 공감하며, 원만하고 성숙한 인간관계를 통해 100세 시대에서 선도적 역할을 하는 시니어가 되기를 소망해 본다.

[참고문헌]

＊ 〈에니어그램 성격유형〉(2015), 윤운성 외

＊ 〈에니어그램 이해와 적용〉(2003), 윤운성

9장

내 인생의 엔돌핀!
시낭송의 매력

이영애

- 동국대 평생교육원 시낭송&문학테라피과정 강사
- 시니어플래너지도사
- 액티브시니어지도사

나의 일상이 된 시낭송

딸이 고등학교 시절에 명시라는 테이프를 버린다기에 나는 그것을 버리지 않고 가지고 있었다. 하루는 마음이 너무 속상한 일이 있어 내 자신에게 하소연하다가 '명시의 초대'라는 테이프에 담긴 조지훈 시인님의 '승무'라는 시를 듣고 나서 마음의 평안을 느꼈다. 그때부터 마음이 우울할 때는 자주 시를 듣곤 했다.

시란 우울증과 치매예방에 도움을 준다고 한다.

마음을 달래주는 시낭송을 통해 시를 사랑하게 되었다. 때로 마음이 우울할 때 시를 읽으면 우울했던 마음이 편안해짐을 느낀다. 요즘엔 서점에 가면 시집부터 찾는다. 시를 읽다가 내 마음에 와 닿는 시가 있으면 유명한 시인이 아닐지라도 그 시집을 사서 본다. 그래서 한국방송통신대학교 알포엠 시 동아리에 가입하여 마음을 울리고 웃음을 주는 시낭송을 시작하게 되었다. 아직은 초보단계이지만 시낭송 활동을 꾸준히 하고 있다.

시낭송은 나의 일상이 되었기에 꾸준히 공부하고 있다.

실제로 내 경험을 말하자면 나이 70에 가족들의 만류에도 못난 고집으로 돈 벌어보겠다고 하다가 억대 자산을 날리고 남편과 다투고 하늘

나라로 이사 갈 생각에 처해있었다. 정신을 다시 차리고 마음에 와 닿는 시를 찾아서 무조건 쓰면서 외웠다. "어머니 오늘은 꼭 한번 울고 싶은 슬픔이 있습니다", "꼭 한번 쏟고 싶은 진한 눈물이 있습니다"라면서 울기도 했다. 지금은 열심히 제2의 인생의 꿈을 펼치고 있다. 그래서 시 낭송은 나의 친구요 영원한 동반자다.

나에게 시낭송이란 만병통치약과 같다. 단 3분에서 4분 정도 걸리는 낭송을 하기 위해 수백 번 쓰고 읽고 들어야 완벽하게 외울 수 있다. 그래도 공연무대에 서면 긴장이 되어 단어가 생각 안 날 때가 있다. 그런 실수를 막기 위해 충분한 연습은 필수다. 시낭송으로 인해 나는 행복하고 멋진 제2의 인생을 맞았다.

여기서는 시낭송의 역사와 시낭송가라는 인증서가 언제부터 생겼는지, 어떻게 시를 낭송할 것인지에 대해 얘기해보려 한다.

시 낭송의 역사

우리나라 시낭송 운동이 시작된 것은 광복 직후 1948년 시낭송 연구
회가 생기면서부터다.

1952년	12월, 33인의 시인들이 모여서 이화여대 가건물 강당에서 시낭송회를 했다.
1967년	재능 시낭송회의 고문으로 계시는 김승호 박사님께서 '레코드로 듣는 세계의 명시'라는 타이틀을 가지고 문우사에서 음반 제작을 했다. 우리나라 최초로 노래가 아닌 시 음반이 나와서 대중들에게 보급되었다. 12월 2일 1시에 지금의 세종 문화회관(그때는 서울 시민회관이라고 했다)에서 '시인 만세'라는 이름으로 대대적으로 시낭송회가 열리기 시작했다.
1986년	두 번째 한국문예진흥원의 문예회관에서 3시간 동안 170명이 모여서 경연을 했는데 관객은 1,200석 찼고, 예선이 3일 걸려 결선에 20명을 진출시켰다.
1987년	세 번째 한국시인협회하고, 한국현대시인협회가 11월 1일을 시의 날로 공표하면서 열기가 얼마나 뜨거웠던지 이번엔 5,200명의 관객이 모여 시낭송회를 했다. 그때 시낭송가라는 명칭도 붙었다. 우리나라에서도 처음이고 세계적으로도 없는 타이틀로 이때부터 몇 명의 시낭송가가 탄생했다.
2008년	네 번째 시인만세가 열리면서 한국시인협회에서 인정과 인증서를 주기 시작했다.

시낭송이란?

시속에 담긴 의미와 시적 감동을 청중에게 전달하기 위해 시를 밝고 맑게 또랑또랑 운율을 살려 리듬감 있게 큰 소리를 내어 읊는 예술적 행위이다.

시 낭송은 시가 가지고 있는 음악성과 회화성 중에서 음악성이 더 강조되는 예술적 장르이며 시에서의 음악성을 어떻게 표출시켜 시 전체를 살릴 것인가 방법을 고민하는 것이다.

❖ 감동과 마음을 울리는 시 낭송법

- 시 낭송에서 시 선택이 중요하다.
- 명료하게 또랑또랑 발음한다.
- 감동을 주어야 하므로 많은 주의가 필요하다.
- 호흡조절을 잘해야 한다.
- 정확한 발음으로 자연스럽게 낭송한다.
- 자기만의 색깔을 찾아 개성을 살려 낭송한다.
- 연음과 장음을 잘 활용한다.

❖ **어떤 시를 선택할 것인가?**

- 처음에는 짧은 시를 선택하라.
- 내 마음에 와 닿는 시를 선택하라.
- 리듬과 감동을 주는 시를 선택하라.
- 상대에게 마음을 전할 수 있는 시를 선택하라.

❖ **시 낭송을 어떻게 해야 하는가?**

- 내가 선택한 시인의 마음을 읽어라.
- 시어에 따라 보이는 적절한 제스처는 예술적인 아름다움이다.
- 청중의 마음에 화살을 쏴라.
- 마음을 호흡으로 가다듬고 긴장을 풀어라.
- 청중의 시선과 심리적 반응을 읽어라.

맑은 목소리로 낭송하는 방법

시 낭송을 잘하는 방법은 꾸준히 노력하는 것이다.

어디를 가나 누군가 낭송 요청을 받았을 때 거침없이 시를 읊조리는 방법은 하루도 빠짐없이 연습하는 방법밖에 없다.

많이 읽고 많이 듣고 많이 써서 외워야만 그 시에 담기 의미와 시인이 어떤 마음으로 시를 썼는가 느낄 수 있고, 이를 생각하고 낭송을 한다면 느낌이 다를 것이다. 목소리를 가다듬어서 낭송해야 한다.

- 좋은 시 낭송 Tip -

1. 전신 스트레칭을 가볍게 한다.
2. 조음기관을 풀어준다.
3. 복식호흡을 하라.
4. 소리를 내어 발성 연습을 하라.
5. 가장 기초적인 자모음 발음 연습을 하라.

시낭송을 위한 발성 연습

❖ 음절을 길게 늘여서 발성하기

① 음~~ 아~ 에~ 이~ 오~ 우~
② 음~~ 가~ 게~ 기~ 고~ 구~
③ 음~~ 나~ 네~ 니~ 노~ 누~
④ 음~~ 다~ 데~ 디~ 도~ 두~
⑤ 음~~ 라~ 레~ 리~ 로~ 루~
⑥ 음~~ 마~ 메~ 미~ 모~ 무~
⑦ 음~~ 바~ 베~ 비~ 보~ 부~

❖ 짧게 스타카토로 발성하기

① 아, 에, 이, 오, 우
② 가, 게, 기, 고, 구
③ 나, 네, 니, 노, 누
④ 다, 데, 디, 도, 두
⑤ 라, 레, 리, 로, 루

⑥ 마, 메, 미, 모, 무
⑦ 바, 베, 비, 보, 부

여기에 내가 원하는 시를 접목한 후 낭송에 들어가면 확연히 다를 것이다. 시를 선택하면 어디에서 끊는지 어느 부분에서 반 호흡, 어느 부분에서 한 호흡 숨을 쉬어야 하는지를 파악하고 시작하면 어렵지 않을 것이다.

목의 아치를 개방하는 훈련법

목소리를 내는 데 있어 목의 아치를 열어주는 것은 가장 중요하다.

답답하고 꽉 막힌 소리가 아니라 시원시원하고 맑게 울리는 목소리를 갖고 싶다면, 목의 아치를 반드시 둥글게 열어주어야 한다.

1. 거울을 보면서 하품하듯이 입을 크게 벌려서 소리를 낸다.
2. 목의 아치는 넓게 벌어지고, 입천장 뒤쪽의 부드러운 근육이 살짝 올라가는 것이 보일 것이다.
3. 소리를 입안에서 둥글게 공명할 수 있는 충분한 공간이 만들어지게 된다.
4. 목의 아치가 항상 둥글게 열린 상태에서, 맑은소리가 나는 것에 익숙해지도록 한다.
5. 목구멍을 크게 열고, 입을 최대한 벌리고 반복해서 읽는 연습이 중요하다.

❖ **목의 아치 개방에 쉬운 단어**

아이 아들 아버지 앵두 왕자 이름 우:산 호수

하늘 할머니 후루룩 호:랑이 해:고 한:강

해바라기 화분 하마의 하품 안:개 낀: 항:구

행복한 어머니 하와이의 야:자나무 일등한 양궁선:수

아기와 엄마가 호호하하 웃:는다.

아주머니가 하루 종일 하품을 한다.

연못에 연꽃이 아름답다.

목의 아치를 둥글게 열고, 입을 크게 벌리고, 다음 문장을 천천히 소리 내어 읽는다. 끊어 읽기를 표시해두었으니, 의미단위별로 호흡조절을 하며 천천히 읽어본다.

아리랑은 / 아름다운 / 우리나라의 음악입니다.

아버지와 어머니는 / 어제 / 안국동으로 이사했습니다.

액자 속 그림에는 / 악어와 암탉, / 야:자수가 있습니다.

앞뜰 은행나무에는 / 은행이 / 주렁주렁 열렸습니다.

오누이가 오붓하게 / 오르막을 오릅니다.

인디언들이 아침에 / 언덕 위로 이동합니다.

혜영이는 / 학교 운:동장 / 왼:쪽에 앉아 있습니다.

햄버거 안에는 / 양상추와 햄이 / 가득 들어 있습니다.

화:가는 / 맑은 하늘과 / 노란 해바라기를 그:렸습니다.

시의 3요소

❖ **1요소. 운율**

높고 낮은 음높이의 변화를 통해서 감정을 불러일으키는 청각적 요소
이다.

예)

밝은 시어	어두운 시어
가볍다	무겁다
빠르다	느리다
높다	낮다

- 어조 바꾸기

- 속도

- 쉼(pause) 뒤에 오는 시어를 강조할 때

시낭송은 운율과 심상을 잘 살려내서 표현하는 예술이다.

150

❖ 2요소. 심상(Imagery)

마음속에 그림을 그림(마음속에 상이 맺히는 것)을 말한다.

시를 읽거나 낭송할 때 마음에 맺히거나 모양을 갖춰 시의 내용을 구체적이고 실재적으로 떠오르게 하거나 표현하는 것이다.

✱ 사람의 5감으로 나타나는 심상

1. 시각적 심상– 보는 듯한 심상
2. 청각적 심상– 듣는 듯한 심상
3. 후각적 심상– 냄새를 맡는 듯한 심상
4. 미각적 심상– 맛을 보는 듯한 심상
5. 촉각적 심상– 피부로 느끼는 듯한 심상
6. 공감적 심상– 어떤 숨소리(청각적)를 듣고 피부로 느끼는 듯한 촉각적 심상을 느끼는 경우(감각의 전이)
7. 감성적 심상– 그리움, 슬픔, 기쁨, 외로움, 행복 등 감정만으로 느낄 수 있는 심상

❖ 3요소. 주제(테마)

시의 운율과 심상의 하모니를 통하여 시인이 독자(청자)에게 호소하거나 전달하려는 주장이나 의미이다.

시낭송에 있어 운율과 심상을 잘 드러내고 표현하는 것은 시낭송가의 몫이고 그 결과가 드러나는 것은 독자의 몫이다.

시낭송의 전략

시를 낭송할 때는 2가지 표현이 있다.

✱ 주관적 표현(subjective expression)

– 내향성 어조(introversion tone): 자기고백형 어조/서정시

    1. 톤이 낮다.

    2. 사랑하는 마음으로 정감이 있다.

    3. 어미를 안으로 끌어들이듯 한다.

✱ 객관적 표현(objective expression)

– 외향성 어조(extroversion tone): 삼자설명형 어조/서사시

    1. 밖으로 끌어내듯 톤이 높아진다.

    2. 낭송시 대부분은 서정시를 택해서 한다.

    3. 시의 근간을 이루는 운율과 리듬감이 있어 낭송하기에 적합하
       기 때문이다.

❖ 처음에 시를 접할 때

1. 시 작품 전체를 묵독(默讀)해 가면서 행과 연을 분석하고 의미를 파악한다.
2. 정확한 발음법으로 음독(音讀). 어조변화, 강조, 휴지와 음의 고저 장단, 발성과 감정 등을 살핀다.
3. 전체 운율과 리듬으로 시어의 분석 의미를 통해서 작가의 마음을 읽는다.

※ 표기법: 띄어 읽기(∨), 반점(,), 쉼(/), 길게 쉼(//), 이어읽기(⌒), 장음(:), 강세('), 강도를 높임(‥), 상승조(↗), 하강조(↘), 평탄조(−), 흔듦(∼)

❖ 시낭송 음보 활용

짧게 쉬기(/)	반 호흡을 쉰다. 시의 의미를 좀 더 효과적으로 전달하고자 할 때 반 호흡을 쉰다.
길게 쉬기(//)	한 호흡을 쉰다. 주로 문장이 끝났을 때나 연과 연 사이 포즈를 두어서 낭송의 극적 효과를 얻고자 할 때 길게 쉰다.
공행(///)	매우 길게 쉬는 것을 말한다. 마치 행이 없는 듯이 긴 침묵을 두었다가 설정이 필요할 때 쉰다.
감정 바꾸기(∼)	시 속에는 여러 가지 감정이 녹아 있다. 감정의 변화가 필요하다고 판단될 때 사용한다.

클라이맥스(△)	시의 정점이라고 생각하는 부분에 긴장감과 감정을 최대한 끌어 올리는 부분에 표기한다.
음의 고저(↑↓)	음의 높낮이를 표현할 때 표기한다.
강하게 표현하기(∧)	강하게 표현할 때 표기한다.
약하게 표현하기(∨)	약하게 표현할 때 표기한다.

음보를 살려서 시낭송을 하면 시의 맛을 더욱 살릴 수 있다.

이와 같은 방법으로 낭송시에 대한 충분한 이해와 반복 연습으로 생명력을 불어 넣어 새로운 시낭송을 창조하는 것이다. 충분히 연습한다면 진정한 시낭송의 맛을 느낄수 있다.

시낭송은 언어예술의 꽃이다.

낭송은 음악적인 요소를 찾아내서 감정을 전달하는 수단이므로 시냇물이 흘러가듯이 낭송해야 한다. 시는 글이고, 낭송은 말이라고 한다. 시낭송은 시의 이미지를 그리는 것이고, 그 이미지를 청중에게 전달하는 것으로 매일 연습해야만 원하는 시낭송이 될 수 있다.

시를 읽으면 메마르고 힘든 일상에 따뜻한 마음을 갖게 하므로 몸과 마음이 치유되고 회복될 수도 있다. 시를 통해 삶이 더욱 풍요로워지고 따뜻한 시선으로 세상을 바라보는 마음의 여유가 생기길 기대해 본다.

10장

시니어의 고품격
이미지리더십

임상님

- 한국시니어플래너지도사협회 교육이사
- 동국대 평생교육원 시니어플래너지도사과정 강사
- 광운대학교 교육대학원 코칭심리학 석사
- 에이치알디앤 이미지호 컨설팅3팀 팀장
- 진로취업부문 총괄팀장
- 한국비전교육원 外 지사교육원 전임강사
- 블루안컨설팅 전문강사
- 드림인에듀교육원 수석연구원

품격을 배우다

　어린 시절 그녀를 볼 때면 왠지 머리가 숙여지고, 따라 하고 싶고, 따라가고 싶은 고품격 그 자체였다.

　언제 봐도 다소곳했으며 겸손하게 깊이 숙이며 인사하는 자세는 우아한 학과 같았고, 그 자태는 단아했으며, 표정은 무장해제가 되는 따뜻하고 아름다운 미소를 지닌 분이셨다. 그분은 아직도 기억에서 잊히지 않는 고품격 이미지의 최강! 중학교 1학년 담임 장현숙 선생님이시다.

　그분에겐 겉으로 보이는 이미지뿐만 아니라 내면에서 풍겨 나오는 예쁘고 우아한 말투, 상냥하고 친절한 언어, 배려심이 있는 태도 등 하나하나 배우고 싶은 점들이 많았다. 좀 일찍 시작된 사춘기, 반항과 방황이 시작된 그때 그 시절, '피그말리온 효과(Pygmalion Effect)'처럼 선생님의 칭찬 한마디로 성적이 쑥 상위권으로 올라가기도 했고, 비너스 같다는 칭찬에 기분이 마냥 좋아지기도 했었다.

　지금의 나는 교육 시 청소년들과 중장년의 성인들을 다양하게 만난다. 함께 하는 동안 칭찬과 긍정의 말을 자연스럽게 잘하게 되는데, 그것은 아마도 살아오면서 들었던 칭찬과 긍정의 말들의 영향인 것 같다. 그 말들은 나를 성장하게 했고, 인정받으려고 노력하게 했으며 행복하게 했기 때문이다. 지금 생각해보면 그것이 바로 긍정적인 영향력으로 나를 움직이게 했던 원동력! 그 선생님의 이미지리더십이었던 것 같다. '말이 씨가 된다'는 말이 있듯, 진정성 있는 긍정의 말로 격려해주고 칭찬해줄 때 그 말은 사람을 성장시키는 강력한 힘을 갖게 된다.

호텔리어가 본 남다른 그들의 품격

나의 전직은 호텔리어다. 호텔리어 하면 떠오르는 이미지는 친절함, 상냥함, 단정함, 어떤 일이든 맡겨도 될 것 같은 신뢰감, 책임감 등이다. 중·고등학교 때 인사를 잘해야 했던 서클 덕분에 힘들었지만 몸에 인사 습관이 배었고, 그 덕분에 호텔리어의 생활이 수월했으며 지금까지의 인생을 돌아봤을 때 늘 플러스가 되어주었다.

호텔리어라는 일을 하면서 여러 남다른 품격을 지닌 시니어 분들을 만날 기회가 많았고 그런 시니어 분들의 언행을 보면서 '우와, 역시' 하는 마음이 생기기도 하고 '저건 좀…' 하게 하는 분들도 있었다. 누구나 봤을 때 무엇이 좋아 보이고 무엇은 좋아 보이지 않고의 기본적인 표준잣대가 있듯이, 나 또한 그런 점들이 매우 잘 보였다. 평소 '좋은 것은 많이 배우고 따라 하자'라는 마인드라 좋아 보이는 것은 더 많이 배울 수 있었다.

일하는 동안 보아온 그들은 보통의 시니어 분들과 조금 남다른 특별함이 있었는데, 생각해보면 고급 호텔을 자주 이용하시는 그분들은 나름 자신의 분야에서 성공한 사람들이었다. 성공의 의미는 다양하지만 지금까지 보고 경험한 것들을 종합해보면 자신이 원하는 삶을 만족스럽게 성취하며 살아가고 있음을 말한다. 그런 성공인들은 정신적, 육체적으로 여유가 있어서인지 품격 또한 훌륭한 분들이 많았다. 단, 그렇다고 모두가 품격이 훌륭하고 품위 있지는 않았다. '품위 있다', '품격이 훌륭하다'는 것은 한 가지만 보고 평가되는 것이 아니기 때문이다. 여기서 품위라는 것은 사람이 갖추어야 할 위엄이나 기품, 사물이 지닌 고상하고 격이 높은 인상을 말하고 품격은 사람의 품성과 인격을 줄인 단어다. 고품격의 시니어는 사람들을 대하는 태도, 행동, 말투, 표정, 인사, 배려심, 의상 등의 기본예절과 매너가 몸에 배어 있었다.

100대 시대를 살아갈 우리 '액티브 시니어', 품격 있는 시니어로 살아가기 위하여 필요한 특별한 조건들을 살펴보고자 한다.

이미지리더십

이미지(Image)란 다른 사람이라는 거울(mirror)에 비친 내 모습이다. 그 이미지에는 외면뿐 아니라 보이지 않는 내면의 이미지도 포함된다. 내면이 아름다워야 외면으로 풍기는 이미지도 호감 이미지가 된다. 호감 이미지란 좋은 느낌을 갖게 하는 것을 말하고, 이미지메이킹(Image making)이란 나의 이미지를 최상의 모습으로 보이게 만드는 것이다. 그럼 이미지리더십(Image leadership)이란 무엇일까?

이미지리더십(Image leadership)이란 나의 이미지를 경영하는 것이다. 리더십이란 조직의 공동목표를 달성하기 위해 각 구성원들에게 영향력을 미치는 과정이다. 영향력을 미치는 과정에서 따라오게끔 할 수 있는 리더가 되어야 하는데 '누군가를 따르고 싶다'라는 생각을 갖게 만드는 것은 쉽지 않다.

이미지컨설팅으로 유명한 에이치알디앤의 박수화 대표님을 통해 배우게 된 '이미지리더십' 피터몬토야의 〈퍼스널브랜딩신드롬〉 중에서 이런 글이 있다. '호감 이미지 주변에 사람들이 모인다. 사람들로부터 호감을 얻어야 한다. 사람들은 자신이 좋아하는 사람과 일하려고 하기 때문이다.' 이 글처럼 사람들은 자신이 좋아하고 따르고 싶은 사람과 함께하고, 함께 일하고 싶어 한다. 즉 이미지리더십을 통해, 자신의 이미지를 잘 경영해 갈 때 호감 이미지가 되고 그를 따라가고 싶게 만드는 것이다.

우리는 어떤 사람을 따르게 되는가? 또 나는 어떤 이미지이고 싶은가?

❖ 인사는 성공으로 가게 하는 롤러코스터!

어려서 존경했던 고품격 이미지의 고고한 학과 같은 선생님의 모습! 그 영향일까? 나는 지금도 인사할 때 늘 다소곳하게 고개를 깊게 숙여 인사한다. 무의식 속에 그 선생님의 인사 모습이 빙의된 것 같다. 물론 중·고등학교 과정에서 인사를 90도로 해야만 하는 서클에 가입되어 있었기 때문에 늘 인사를 잘해야 했다. 인사 대상은 선배들이었고 잘못하면 소운동장에 집결돼 해병대훈련 못지않은 혹독한 기합을 받아야 했기에 열심히도 인사했던 기억이 추억으로 남아있다.

나의 학창시절과 호텔리어로 일하던 시절에서 고급레스토랑의 관리자로, 그리고 현재 강사로 일하고 있는 지금까지 나는 일관성 있게 인사를 잘했다. 밝은 표정으로 환하게 웃으며 인사를 잘하는 것은 나의 장점이자 일할 때 강점이 되어 나를 성장시키는 데 가장 큰 역할을 해왔다. 그 덕분에 인터뷰하러 가면 거의 90% 합격이었고, 많은 일들을 함께하자는 제의를 받았으며, 많은 강의 요청을 받을 수 있었다. 그리고 시간이 흘러 이제는 드디어 내가 원하는 강의를 선택할 수 있게 되었다. 시간이 가능하다면 제안 주신 강의를 모두 하고 싶지만 시간이 허락하지 않을 때는 효율적으로 선택할 수밖에 없다. 이 모든 일들이 이루어지게 된 일등 공신은 바로 인사였다.

❖ 먼저 인사 건네는 멋진 고품격 시니어

그렇다면 고품격 이미지의 시니어 그들은 무엇이 어떻게 다른가?

먼저 그들은 권위가 있다는 것으로 권력을 휘두르지 않았다. 존중과 배려, 겸손이 몸에 배어 있었고, 먼저 다정하게 인사를 건네기도 하셨다. 호텔리어가 바빠서 다른 고객을 안내할 때면 조용히 기다려주시거나, 눈웃음으로 괜찮으니 일 보고 오라는 듯한 신호를 보내셨다. 배려가 있는 그런 모습을 볼 때면 오히려 죄송했지만, 멋져 보였고 더욱더 최상의 서비스로 보답하려는 마음이 커졌다. 좋은 허브 티 또는 더 좋은 것이 있다면 내가 할 수 있는 범위 안에서 최상의 서비스를 해 드리고 싶은 마음이 생기게 했던 것이다.

이것이 진심을 다하게 하는 보이지 않는 힘 '이미지리더십'이 아닐까 생각한다.

❖ 온화한 미소의 품격

온화한 미소가 격을 높인다. 온화한 미소는 사람의 마음을 열고 마음이 너그러워지게 하며 상대방도 함께 웃게 한다. 인간의 뇌에는 '거울 뉴런(Mirror Neuron)'이라는 신경세포가 있는데 상대방이 웃으면 따라 웃게 하는 역할을 한다. 엄마가 아기를 안고 웃으면 아기도 웃고, 찡그리면 아기도 찡그리는 것! 이것이 다른 사람의 행동을 거울처럼 반영한다고 해서 붙여진 이름이다.

　미국 MIT 공대의 졸업생들을 추적하여 성공했다고 평가되는 사람들에게 성공할 수 있었던 요인이 무엇이냐라는 질문에 성공인의 85%는 인간관계와 공감능력을 대답으로 꼽았다. 인간관계의 시작은 웃는 얼굴로 인사하기부터 시작된다. 성공학으로 유명한 브라이언 트레이시는 '성공의 기회는 잘 웃는 사람에게 온다'라고 말했다. 이처럼 잘 웃는 밝은 표정의 사람은 좋은 이미지를 갖게 하고 이것은 성공하는 데 중요한 역할을 한다.

　품격 있는 시니어의 남다른 또 하나의 특성은 내가 먼저 밝게 잘 웃어준다는 것이다. 좋은 이미지로 성공할 수 있는 방법, 돈 들어가지 않는 방법, 밝은 표정으로 내가 먼저 인사를 건네 보자.

일거수일투족에서 보이는 품격 있는 행동

❖ 사람을 끌어당기는 마술언어

'감사합니다, 땡큐, 고마워요, 당신부터 하세요.'

일상에서 "Thank you"의 생활화가 필요하다.

그들은 존중의 의미, 감사하다는 자기표현을 쑥스럽게 생각하지 않는다. 사람의 마음을 열리게 하는 데 밝은 표정의 인사도 중요하지만 언어 또한 큰 역할을 한다.

고급레스토랑에서 식사 시 외국인들은 무엇을 해도 "Thank you"라는 인사를 습관처럼 한다. 그들에게는 당연한 것이다. 묻지도 따지지도 않고 "Thank you"이다. 안내해 드릴 때도, 물을 따라 드릴 때도, 차를 더 드릴 때도, 와인을 리필해 드릴 때도, 음식을 드릴 때도, 늘 "Thank you"가 몸에 배어 있었다. 그런데 품격 있는 그들도 마찬가지이다. 직원의 눈을 맞추며 "고마워요, 감사해요"라고 말을 건넨다. 칭찬도 구체적으로 한다. "덕분에 바이어와의 미팅이 순조로웠어요. 고마워요", "덕분에 모시고 온 손님이 대단히 만족스러워하셨어요. 감사해요" 등 감사의 표현이 자유롭다.

이것은 진정성 있는 표현이고 존중하는 의미이기에 직원들은 보람을 느끼며 행복하고, 더욱더 최선을 다한다. 그리고 다시 만날 때 더욱더 반갑게 맞이하게 된다. 또 하나, 품격 있는 그들은 호칭도 남다르게 한다. 호칭을 어떻게 하느냐, 말투를 어떻게 하느냐에 따라 나의 품위가 올라가기도 하고, 없어 보이기도 한다. 그들은 어떤 식당이든 상관없이 예의를 지킨다. 고급레스토랑, 순댓국집, 일식집, 참치전문점, 호프 그 어떤 식당에서도 변하지 않는다. 호칭은 예의 바르고 예쁘게 배려하는 마음으로 기분 좋게 불러드린다. 매너 없어 보이는 호칭으로 "어이~!", "이봐~!", "아줌마~!", "아저씨~!" 하며 반말하는 경우도 있는데 옆에 있는 사람들까지 눈살 찌푸려지는 품위 없는 행동이다. 나이가 많든 적든 존칭을 써야 한다는 것은 잊지 말아야 할 매너이다. 그럼 어떻게 불러드리면 서로 기분 좋고 매너 있는 호칭이 될까? 아줌마 아저씨보다 "사장님", 또는 "아가씨" 또는 명찰이 있다면 이름을 불러주면 된다. 그들은 이름을 직접 물어보고 그 이름을 불러주며, 다음번에도 기억했다가 또 불러주신다. 이럴 때 서비스마인드가 상승하여 더 좋은 서비스를 제공하기 위해 직원들은 노력하게 되는데, 결국 매너 있는 태도와 행동, 말들은 상대방이 더 충성하도록 만든다. 우리는 사소한 것들을 간과하는데, 존중받고 싶다면 내가 더 존중하면 된다. 내가 하면 하는 것보다 더 크게 돌아온다.

❖ 품격 있는 옷차림과 자세

T.P.O에 맞게 옷을 잘 입자!

이미지리더십에서 빠질 수 없는 중요한 것! 바로 옷차림인데 시간

(time), 장소(place), 상황(occasion)에 맞게 입는 것이다. 예를 들어 예식장에 검은색 정장을 쫙 빼입고 간다면 상황에 맞지 않는 옷차림이 된다. MT 가는데 드레스를 곱게 차려입고 간다면 이 또한 상황과 장소에 맞지 않는 옷차림이 된다. 그 상황과 장소, 시간에 맞게 옷차림을 하는 것이 중요하다. 또한 옷차림을 잘한다는 것은 고가의 옷을 입는다고 되는 것이 아니다. 예를 들면 같은 정장을 입었는데도 돋보이는 사람들이 있다. 일단 체형에 잘 맞아야 하고, 구김이 없고 청결해야 한다. 얼굴 생김새를 보았을 때 이미지가 정말 깔끔하고 예쁜데 옷에 김칫국물이 묻어있거나 구깃구깃한 옷을 다려 입지 않는 사람들이 있다. 이미지의 외형 관리를 잘못함으로 호감도가 반감되는 경우이다. 가장 중요한 것은 자신한테 잘 어울리는 옷, 자신에게 잘 어울리는 신발, 자신에게 잘 어울리는 컬러, 그리고 잘 어울리는 액세서리를 상황에 맞게 매치했을 때 가장 좋아 보인다는 것이다. 자신에게 맞는 이미지의 옷차림과 관리가 어렵다면 전문가의 도움을 받는 것도 추천한다. 도움을 받아 변화한다면, 이미지가 더 좋아 보이고 자신감도 생기며 좋은 일도 더 많이 생기기 때문이다.

패션은 시대의 흐름에 따라 트랜드가 바뀌는데 무조건 유행이라고 따라가지 말자. 그 유행이, 컬러가 나한테 잘 어울리는지가 가장 중요하다. 예를 들면 스키니가 유행이라고 해서 다리가 가늘고 오자인데 스키니를 입어서 안 좋은 점이 더 도드라지게 보이면 이미지가 반감될 수도 있다. 이를 보완하기 위해서는 롱스커트나 칠 부 정도의 다양한 디자인의 스커트를 선택하거나 넉넉한 일자 바지를 입으면 이미지를 훨씬 좋아 보이게 할 수 있다.

반대로 다리가 통통한 편이지만 길고 곧다면 스키니가 잘 어울린다. 오히려 체형이 보완되어 날씬해 보이면서 영한 느낌을 줄 수도 있다. 또한 나팔이 유행이라고 해서 자신에게 어울리지 않는 나팔바지를 입는다면 어색함과 함께 더 나이 들어 보일 수 있음을 주의해야 한다.

스타일을 선택할 때에는 키, 체형, 퍼스널컬러, 소재, 얼굴형, 나이 등 전체적인 이미지를 고려하여야 한다. 누구나 자신에게 어울리는 자신만의 스타일이 있다. 많이 물어보고 입어보고 자신에게 잘 어울리는 스타일과 컬러를 찾는 것이 중요하다.

자신에게 통바지가 잘 어울리는지 스커트가 잘 어울리는지 팬츠가 잘 어울리는지 소재는 어떤 소재가 잘 어울리는지 계속 연구해야 좋은 이미지를 연출할 수 있다. 어렵다면 남들이 좋아 보인다고 칭찬하는 옷을 즐겨 입도록 한다. 변화된 이미지로 사람들은 호감을 갖게 되고 함께 일하자고 할 수 있다.

또한, 옷차림에서 중요하게 영향력을 미치는 것은 체형이다.

다시 말하면 체형은 옷차림에서 중요하게 작용하기 때문에 체중을 잘 관리해야 한다. 자기관리이기도 한데 우리는 맛있는 음식의 유혹에서 좀처럼 벗어나기 어렵다. 체중을 관리하는 데 있어 뭐가 좋고, 뭐가 좋고, 뭐가 좋다고 하지만 체중관리를 위한 가장 간단한 원리는 조금 덜 먹고 운동을 하는 것이다. 누가 먹는 것을 싫어할까? 체질적인 문제도 있지만 노력할 수밖에 없다. 체중관리에 도움이 되는 것 중 하나는 공복에 물을 많이 마시고 식사 시 물을 많이 먹지 않는 것이다. 식사 시 물을 많이 마시면 위가 늘어나고 계속 채워지지 않아 전에 먹었던 양보다 더 많이 먹

는 악순환이 반복된다. 멋진 모습을 가졌는데 살이 쪄서 멋진 이미지연
출이 어렵다면 이런 것들을 신경 쓰면서 하루 10분 정도라도 꾸준히 운
동해보자. 검색해보면 간단 스트레칭, 자세교정, 스쿼트, 플랭크 등 짧고
굵게 할 수 있는 운동들이 많다. 현재 몸무게에서 3kg만 빠지더라도 이
미지가 달라질 수 있다.

마지막으로 바른 자세로 걷고 신발을 구겨 신거나 끌지 말자! 신발을
구겨 신거나 끌고 다니는 것은 이미지에 가장 큰 손상을 줄 수 있다. 주
변을 돌아보면 바른 자세로 조용조용 걸어 다니는 사람과 반대로 신발을
구겨 신고 질질 끌고 다니는 사람들이 보일 것이다. 신발을 구겨 신고 끌
고 다니면 불량해 보이거나 자기관리가 전혀 안 되는 것처럼 보이고, 매
우 안 좋은 이미지로 각인된다. 또한 바른 자세로 걷는 것 또한 중요하
다. 구부정한 자세는 나이 들어 보이고 자신감이 없어 보인다. 어떤 사람
이 좋아 보이는지, 좋은 느낌인지 우리는 알고 있다. 옷차림과 자세와 태
도가 그 사람의 품격을 만든다.

나를 우아하고 멋지게 만드는 간단 테이블매너

고급레스토랑을 가거나 고급예식장에 초대되어 갔을 때 종종 사람들이 우왕좌왕하는 모습을 볼 수 있다. 간단한 테이블매너 정도만 알고 있다면 도움이 될 것이다. 알고 보면 생각보다 쉽고 간단하다. 모른다면 물어보면 되고 배우면 된다. 모르면서 옆 사람의 기물과 글라스를 사용하여 피해를 주는 것보다 정중하게 물어본다면 직원들은 매우 친절하게 잘 알려줄 것이다. 오히려 더 잘 챙겨 드린다.

❖ 고품격 시니어의 행동 '모르면 물어보자!'

힐튼호텔에서 일했을 때 일이다. 대기업에 다닌다고 해서, 돈이 많다고 해서 모두 테이블매너를 잘 알고 있는 것은 아니다. 기본테이블 매너가 있고 깊은 테이블매너가 있는데, 한 대기업의 상무님과의 일이 생각난다. 주문과 먹는 방법 그리고 기물사용과 관련한 전반적인 테이블매너에 관한 질문을 하셨다. 바이어 접대가 있었기에 미리 준비하시는 것이었다. 일반인들에게는 좀 복잡한 주문이었고 먹는 방법도 어렵게 느껴지는데 나는 매우 디테일하고 친절하게 알려드려서 급 친해진 단골고객님이셨다. 먼저 와인 추천. 그리고 와인의 기초 설명과 함께 6가지의 풀세트

기물사용방법, 냅킨 사용법 등을 자세하게 알려드렸다. 그 이후로 그 고객님은 외국인에서부터 고위층의 그 어떤 바이어를 모시고 오더라도 나를 찾았다. 그리고 와인을 비롯하여 상황에 맞고 고객 취향에 맞는 적당한 메뉴 추천을 부탁했으며, 서비스도 부탁했다. 정성 들여 추천했고 새로운 메뉴는 친절하게 설명해 드리며 편안히 드실 수 있도록 서비스해 드렸다. 그렇게 나를 찾는 고객님들이 꽤 있었고 그렇게 물어보시는 것에 대한 설명과 함께 서비스해드리는 것이 즐겁고 보람 있었다. 그들은 모르면 물어본다는 공통점이 있었다. 조금만 알면 쉽고 우아하게 식사를 즐길 수 있는 몇 가지 기본 테이블매너에 대해서 알아보자.

❖ 기물사용법

보통 식사 시 풀 세팅일 경우 일반적인 식사 순서는 다음과 같다.

> Bread and butter → Appetizer(전채요리) → Soup(수프)
>
> → Salad(샐러드) or Small 파스타
>
> → Main dish(메인요리) 스테이크 or 생선요리 or 바닷가재
>
> → Dessert(디저트) → Coffee or Tea

먼저 고급예식장 라운드테이블에서 식사 시 '좌빵 우물'로 쉽게 기억하자. 좌측에 있는 조그만 빵 접시가 내가 사용하면 되고 우측에 있는 물

컵이 내 것이다. 예식장 라운드테이블에서 가장 우왕좌왕 혼돈하기 쉬운 것이다.

고급레스토랑에서의 기물사용은 한 가지만 기억하자! 4~5가지의 풀 세팅일 경우 가장 바깥쪽에서 안으로 들어오면서 한 세트씩 사용하면 된 다(안쪽 ← 바깥쪽).

단, 수프스푼은 오른쪽에 세팅되어 있고 하나만 사용하면 된다. 전채 의 풀코스 요리 중에서 나이프·포크처럼 한 세트가 아닌 하나만 사용하 는 기물은 수프스푼, 버터나이프, 디저트스푼, 디저트포크 정도이다.

첫 코스의 식사가 끝나면 사용한 나이프·포크는 사용한 접시 위 오른 쪽 방향 사선으로 가지런히 놓으면 식사가 끝났으니 치워도 된다는 표시 다. 코스요리에서 한 코스 한 코스 식사 시 사용한 해당 기물은 다시 사 용하지 않고 사용한 접시와 함께 직원이 가지고 간다는 것을 알면 된다.

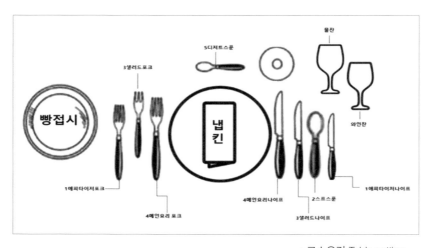

• 코스요리 Table setting

❖ 냅킨 사용법

냅킨은 테이블 위에 세팅되어 있고 자리에 착석하면 식사가 나오기 전에 펼쳐서 무릎 위에 반 접어서 올려놓으면 되는데, 반을 접는 이유는 흘러내림을 방지하기 위해서이다. 사용방법은 안쪽 면을 사용하여 입 주위에 묻은 음식물 등을 닦으면 되고, 물기를 닦거나 할 때는 바깥쪽 면을 사용하면 된다. 그리고 주의할 점은 혹시 중간에 잠시 화장실을 가거나 일을 보려고 일어날 때 테이블 위에 올려놓거나 의자에 걸쳐놓지 않는다. 입 주변 음식 묻은 것 등을 닦는 데 사용했던 냅킨은 보이지 않게 잘 접어서 앉은 의자에 놓고, 볼일 보고 돌아오면 다시 무릎 위에 올려놓고 이어서 식사하면 된다.

❖ 쉽게 와인 즐기기

와인의 품종, 나라별 종류, 맛에 대하여 설명하자면 책 한 권도 부족하다. 우리가 이것을 모두 알 필요는 없다. 블라인드 테스트를 해보면 비싸고 싼 와인은 일반인은 물론이고 소믈리에조차도 구분하지 못했다는 연구결과가 있다. 여기에서는 꼭 알아야 할 것과 서비스를 어떻게 받으며, 어떻게 마시고 즐기면 되는지 정도만 알아보자.

첫 번째, 포도품종으로는 가장 유명한 대표 포도품종 카베르네 소비뇽(Cabernet Sauvignon)과 메를로(Melot), 그리고 21세기에 들어 인기가 있는 시라(syrah) 정도만 알면 된다. 대체적으로 와인 좀 안다, 즐겨 마신다 하는 사람들은 음식의 종류에 상관없이 스위트하지 않은 레드와인을 마신다. 와인 선택 시 조금 강하고 드라이하게 마시고 싶다면 카베르네 소비농, 부드럽게 마시려면 좀 더 달콤한 과즙의 포도로 만든 메를로를 선택하면 된다. 개인의 취향에 따라 선택하면 되는데 각 레스토랑에서 보유한 와인을 우리가 모두 알 수 없기 때문에 추천을 받는 것도 좋다. 개인의 와인 취향을 이야기하고 직원의 도움을 받는다면 더 맛있게 마시며 즐길 수 있을 것이다.

두 번째, 레드와인과 화이트 와인의 차이를 보면 일반적으로 스테이크 요리나 무거운 요리에는 레드와인, 생선요리나 가벼운 전채요리를 먹을 때는 화이트와인을 마신다. 그러나 와인을 즐기는 사람들은 반드시 이것을 구분하지는 않으며, 일반적으로 어떤 요리에나 레드와인을 즐겨 마시는 것을 볼 수 있다. 꼭 스테이크는 레드와인, 생선요리는 화이트와인이라는 규칙은 없고, 이 또한 취향이니 나한테 잘 맞는 좋은 맛의 와인을 선택해서 즐기면 된다.

세 번째, 와인서비스 받는 데에도 매너가 있다. 먼저 와인잔은 입을 대는 림, 몸통 부분인 볼, 손잡이 부분인 스템, 둥근 받침 부분인 베이스로 구성되어 있다. 잔을 받을 때는 베이스 부분에 살짝 손을 갖다 대면 된다. 이때 고맙다는 감사의 인사말을 하는 것은 매우 좋은 와인매너이고 품격 있어 보인다. 음식과 함께 조금씩 마시면 되고 주의할 것은, 한 번에 원샷하지 않는다. 한국의 회식문화에서 원샷을 많이 보는데 옳지 않고, 천천히 음미하면서 본인의 주량에 맞게 마시면 된다. 또한 와인잔에 진하게 립스틱이 묻었다면 오른쪽 엄지나 칵테일 냅킨으로 살짝 닦고 손가락에 묻은 립스틱은 무릎 위 천 냅킨에 닦으면 된다. 이렇게 마신다면 더욱더 우아하고 품위 있게 보일 수 있다.

❖ 어디에서나 존중, 감사의 마음을 표현하자!

어떤 음식점이든 감사의 마음을 전하면 그 친절이 배로 돌아오는 것을 볼 수 있다. 서비스 음식이든 마음이든 어떤 형식으로든 돌아온다. '이미지리더십'에서 사람을 존중하고 배려하는 모습은 빠질 수 없는 가장 중요한 부분이다. 고급레토랑에서도 일반 음식점에서도 마찬가지다. 전 세계 CEO들 사이에서 통용되는 '웨이터 법칙(Water rule)'이라는 말이 있다. 식당종업원에게 함부로 하는 사람은 파트너로 삼지 말라는 말이다. 종업원을 대하는 태도를 보면 그 사람의 품격을 알 수 있기 때문이다. 종업원에게 매너 있고 친절한 태도를 보이는 사람은 어떤 대인관계에서도, 약자에게도, 아래에 있는 사람에게도 존중과 배려가 있을 거라는 것을 예측할 수 있다. 그러한 태도는 하루아침에 나올 수 없다는 것을 우리는 잘 알기 때문이다.

마지막으로, 우리는 성공적인 액티브 시니어로 살고 싶다. 성공적인 액티브 시니어로 행복한 삶을 살아가기 위해 끝까지 열심히 일하자! 그리고 좋은 이미지와 매너를 갖춘 '또 보고 싶은 품격 있는 사람'이 되자. 나의 이미지를 어떻게 경영하느냐에 따라 그 사람의 품격이 보일 것이다.

[참고문헌]

* 〈리더십〉, 박보식

* 〈퍼스널브랜딩신드롬〉, 피터몬토야

* 〈호텔VIP에게는 특별함이 있다〉, 오현석

* 〈현대인과 와인〉, 김한식

11장

액티브 시니어의
당당한 노후생활

– '마지막 10년'을 중심으로 –

정해선

- 한국시니어플래너지도사협회 교육이사
- 연세대 미래교육원 시니어플래너지도사과정 강사
- 시니어플래너지도사
- 액티브시니어지도사
- 재가장기요양기관 대표(현)
- 요양보호사교육원 출강(현)
- 세종대 행정대학원 석사(사회복지학)

인생의 마지막 10년

인생을 살다 보면 언젠가는 떠나야 할 시기가 온다. 99·88·23·4라는 말처럼 99세까지 팔팔하게 살다가 2~3일 앓고 4일째 죽고 싶은 것이 액티브 시니어들의 소망이다. 그러나 누구나 팔팔하게 살다가 하루나 이틀 앓고 편안하게 죽을 수는 없다.

통계청의 '2016년 생명표'에 따르면 남성의 기대수명이 79.3세, 여성은 85.4세로 매년 늘어나고 있다. 문제는 전체 수명에서 병을 앓는 기간, 즉 '유병(有病) 기간'이 남성은 14.6년, 여성은 20.2년이나 되고 기대수명이 느는 만큼 병에 걸려 앓는 기간도 계속 늘어난다는 것이다.

조선일보에서 2014년에 연재한 '한국인의 마지막 10년'에서는 건강을 잃고 죽을 때까지를 평균 10년으로 보았다. 한국인은 생각보다 오래 살고 오래 앓아서 병치레로 10년이 걸린다는 것이다.

이러한 '마지막 10년'을 어떻게 준비하고 대처하느냐가 액티브 시니어들의 노후 삶의 질을 가늠하는 관건이 될 것이다. 노후준비는 누가 대신해줄 수 없다. 소중한 내 인생을 책임질 사람은 나뿐이다. 오래 사는 대신 오래 앓지 않고 마지막 그날까지 정답고 넉넉하게 살다 품위 있게 떠나려면 어떻게 해야 할까?

필자는 노인복지를 전공하였고, 20여 년 전부터 노인복지시설인 노인복지관, 노인요양원을 거쳐 지금은 2008년 7월부터 시행된 장기요양보험법에 따른 재가 장기요양기관의 방문요양, 방문목욕, 복지용구사업을 운영하고 있다.

노인복지관에서는 건강한 노인들에게 사회교육사업을 진행하였었고, 지금은 건강치 못한 노인들에게 요양서비스를 제공한다. 따라서 사람들이 늙어가는 과정, 즉 건강한 노후생활을 보내다가 질병으로 요양 받는 과정까지를 간접적으로나마 체험하였고, 여러 사례를 통해서 안전하고 편안한 노후생활을 할 수 있는 방법을 정리하는 기회를 가지게 되었다.

지금 방문요양사업으로 모시고 있는 어르신들이 '마지막 10년'의 인생을 맞이하신 분들이다. 사실 이 시기가 자신의 인생에서 제일 중요한 시기라고 생각한다. 왜냐하면 열심히 수십 년을 살았는데, 이 시기가 불행하다면 살아오면서 했던 모든 노력과 수고가 헛되기 때문이다. '마지막 10년'이 중요한 이유가 바로 여기에 있다고 할 것이다.

'나'일 수도 있고, '너'일 수도 있고...

　어르신들을 모시면서 겪었던 여러 사례를 보면, 준비 안 된 노후를 맞이하신 분들의 경우를 많이 본다. 아니, 열심히 노후준비를 하였다고 해도 어떠한 이유로든 앞으로 우리에게 닥쳐올 미래일 수도 있다. 다음 사례들이 독자들이 '마지막 10년'을 준비하는 데 도움이 되었으면 한다.

❖ 딱 3년만 더 살고 싶다

　100세 시대가 일반화되고 있는 지금 100세라는 의미가 죽음이 더 멀어졌다는 희망일 수도 있지만, 희망도 없이 하루를 마지못해 살며, 허무하게 죽음만 기다리는 인생을 의미할 수도 있다.

　방문요양서비스로 ○○○ 어머님을 모시게 된 것이 5년 되었다. 현재 107세로 장수노인이시고, 고관절 골절로 20년 넘게 앉아서 생활하시지만 인지는 매우 좋으시다. 예전엔 남부럽지 않게 살았다고 하시는데 지금은 기초생활수급권자로 근근이 살고 계시다.

　장수하시다 보니 첫아들은 20년 전에, 얼마 전엔 시각장애 둘째 아들이 뇌출혈로 돌아가셨다. 셋째 아들은 10년 전부터 뇌경색으로 방문요양서비스를 받고 있고, 오랜 세월 속에 연락이 끊긴 자녀도 있다고 한다. 어머님은 알코올중독인 막내아들과 같이 살고 계신다. 당신에게 "죽어라"며 물건을 던지고 목을 발로 짓누르기도 하며, "아이구, 이 노인네 죽지 않고 뭐하는 거야! 발코니 밖으로 내다 던져버려야겠다"며 별별 협박에 구타를 일삼는 '없는 것이 나은' 자식이다.

위 사례의 경우, 고령이 될수록 길어지는 유병 기간, 깊어지는 빈곤, 늘어나는 장애진단, 자녀의 학대, 자녀 사망 등의 문제가 복합적으로 발생한다. 지금의 노인세대는 노후준비라는 단어조차 보기 힘든 세대였다. 자녀의 성장이 곧 노후준비였기 때문이다. 더구나 수명연장으로 준비 안 된 100세 시대를 맞고 보니 많은 어려움을 겪는 것이다. 장수의 그늘이다.

○○○ 어머님은 말씀으로는 매일 죽고 싶다고 하시지만, 어느 날인가 요양보호사에게 "내가 107세나 되었냐"며, "이 좋은 세상 딱 3년만 더 살고 싶다"고 하셨다고 한다. 인간이 생에 대한 애착이 크다는 것을 다시 느끼게 된다.

❖ 나 어떡해, 나 어떡해

78세에 조그맣고 예쁘시고 조곤조곤 말씀 잘하시는 ○○○ 어머님이 계셨다. 젊어서부터 미군 부대 근처에서 군복 수리를 업으로 30년 정도 하셨다고 한다. 남편분은 어쩌다 들어오시지 가정 경제에는 무관심할 뿐만 아니라 올 때마다 돈을 요구하고 빼앗아가곤 했다고 한다. 그 역경을 겪으며 두 아들을 대학까지 보내면서 희생적 삶을 사셨던 분이다. 문제는 재봉틀 일하느라 거의 앉아서 몇십 년을 보내다 보니 고관절이 망가져서 보행에 어려움이 생겨 자립생활을 못 하게 되면서 일어났다.

어머니를 처음 만났을 때는 32평 아파트에 살고 계셨다. "아들들이 사업한다고 하여 몇 번 주고 나니 인제 돈도 다 떨어져서 7천만 원 정도밖에 없어" 하시던 어머님이 얼마 후 그마저 아들이 사업한다고 하도 달라고 하여 주었다면서 한숨을 쉬었다. 7천만 원 가져가면서 "엄마 생활비는 꼬박 드릴 테니 걱정 마셔요" 하더니 3개월 주고는 무소식이라고 한다.

또 얼마 있지 않아 살고 있는 아파트 팔고 서울근교로 집 줄여서 이사 가신다고 하여 이유를 물으니, 다른 아들이 사업한다고 돈을 달라고 하여 줄여서 이사를 가신다는 것이다. 두 아들이 번갈아가며 돈을 달라고 한 것이다.

집을 이사하신 후 인사차 들렸더니 어머니께서 "나 어떡해, 나 어떡해…" 하시며 아들이 이 집마저 팔아 돈 달라며, "안 주면 이 아파트 옥상에 올라가서 떨어져 죽어버린다"고 했다고 한다. "안 줘서 진짜 떨어져 죽으면 어떡해…" 아들의 협박으로 결국 집은 아들 손으로 들어갔고, 어머니를 병원에 입원시켰다. 어머니와의 전화통화에서 들리는 "어떡해, 나 어떡해…". 그 병원에 문병 갔더니 또 "어떡해, 나 어떡해…". 한달 후 통화하려고 했더니 결번으로 나왔다. 아직도 내 귀에 "어떡해, 나 어떡해…" 소리가 꺼지지 않는다.

한국인의 노후를 빈곤하게 만드는 가장 큰 원인 중 하나는 자녀에게 집중된 지원비율이다. 자녀의 성공과 행복에 자신의 삶을 희생하는 것이다. 곧 자식의 성공이 나의 성공이라고 믿어왔던 것이다. 그러나 그런 희생에도 불구하고 자녀들이 부모의 노후를 책임지지 않는 경우가 흔하다.

오히려 성장한 후에도 사업 등의 이유로 금전적 지원을 끊임없이 요구하는 경우도 있다. "우리 자식들은 절대 그렇지 않다"고 많이들 생각하는데, 어르신이 자립적 생활을 하고 있을 때는 문제가 없지만, 위의 어르신같이 건강을 잃고 의존적 생활을 하게 되면 빼앗길 수밖에 없다. 건강하게 살아야 할 이유이다.

노인의 빈곤 원인 중 또 하나는 돈을 쌓아 놓고 있어도 쓸 줄 몰라서 쓰지 못하는 빈곤도 있다. 자녀에게 주는 돈은 아깝게 생각하지 않으면서 자신에게 쓰는 것은 100원도 아깝다고 생각하여 자신 스스로 빈곤하게 살아간다. 사회적으로 어려운 시절에 궁핍하게 살아왔기 때문에 절약이 몸에 밴 어르신들은 돈이 있어도 쓸 줄을 모르시며 '돈 많은 거지'로 어렵게 생활하시기도 한다.

❖ 안쓰러운 장남

어느 날부터 모시게 된 어르신 댁의 기막힌 사연이다. 어쩌다가 한 집에서 부부인 두 분이 방문요양서비스를 받은 경우가 있다. 그러나 이 댁은 엄마와 딸이 돌봄을 받았다. 그런데 더 놀라운 사실은 처음에는 돌아가신 할아버지까지 세 분이나 장기요양등급을 받아서 모셔왔다고 한다.

아무리 장기요양서비스의 도움을 받는다고 해도 한 분을 수발하기도 가족으로서 보통 일이 아닌데, 세분을 모시고 있었다니 장남의 수고로움이 눈에 보인다. 그 장남은 부양문제로 오래전에 이혼한 상태이고, 부양 때문에 직장도 파트타임으로만 다니고, 오랜 부양으로 허리디스크를 앓고 있었다.

고령 장수사회가 되고 저출산이 계속되면서 부양부담은 더욱 늘고 있다. 부부나 부모 자녀들이 함께 요양하게 되는 사례는 물론, 시부모님과 친정부모님을 같이 모시는 경우나 돌볼 사람 없는 친인척을 어쩔 수 없이 모시는 사례도 늘고 있다. 다수를 부양할 수밖에 없는 경우가 종종 발생하고 더욱 늘어날 것으로 예측된다.

이제는 부양의 문제가 가족의 문제를 넘어서 사회문제로 떠오르면서, 국가에서는 사회적인 부양에 책임을 느끼고 2008년 7월부터 노인장기요양보험제도를 시행하였다. 위 장남의 경우는 다행히 제도 첫해부터 방문요양서비스를 이용하여 많은 도움을 받은 사례이지만, 부양부담이 가중될수록 적절한 요양시설의 이용 등으로 현명한 대처가 필요하다.

❖ 긴병에 효자 없다

뇌졸중 83세 여자 어르신의 서비스요청이 들어왔다. 보호자인 아들과 딸은 아주 예민하고 신경질적이었고, 어머니께 소리 지르며 거칠게 짐짝처럼 대하는 등 학대를 했다. 알고 보니, 긴병에 효자 없다고 38년 전부터 뇌졸중을 앓아 오면서 와상상태까지 이른 어르신의 부양부담으로 자녀들이 지쳐버린 것이다. 얼마 후 삼 형제가 4개월씩 돌아가면서 모시기로 합의했다며, 다른 자녀 집으로 가시면서 서비스가 종료되었다.

사람이 아무리 좋은 곳으로 놀러 가도 며칠 지나면 집이 그립고 가고 싶은데, 건강이 좋지 않은 사람이 자녀 집을 전전하며 살아야 하는 지경까지 이르고 만 것이다. 그것은 고문이다.

위의 사례는 사실 자녀들도 효를 다하기 위해 노력하고 있는 것이다. 요양시설로 보내드리면 부모님께 죄스러운 마음에 꼭 모시고 살아야겠다는 생각으로 38년을 모셔온 것이다. 그러다 장기부양으로 지쳐서 학대 아닌 학대가 진행되는 것이다. 긴병에 효자는 없는 것이다.

아무리 내 집이 좋다고는 하지만, 자녀들의 부양부담으로 눈치를 보며 지내시는 어르신들은 오히려 요양시설에서 생활하시는 것이 좋다. 요양시설에 계시는 분 중 많은 분들이 "여기오니까 애들한테 눈치 안 봐서 마음이 편해" 하신다. 노인에게 불편한 가족과 같이 사는 집보다 시설이 나을 수 있다. 요양시설에 부모님을 모시는 것에 대한 죄의식을 떨쳐버려야 할 것이다.

❖ 요양원은 사람 잡는 곳이다

허리 압박골절로 고생하시는 ○○○ 어머님이 장기요양등급을 받고서도 "사람 필요 없다!"면서 딸이 이용료 내준다며 권유하는 방문요양서비스를 거절하셨다. 어머니는 딸한테 "가끔 네가 와서 집일 도와주면 되지 무슨 돈 들여서 남을 쓰냐!" 하시며 자녀들이 직접 부양해 주기를 기대하신다.

얼마 후 자녀들에게만 기댈 수 없어 방문요양을 시작하셨다. 생각했던 것보다는 방문요양서비스를 매우 만족해하셨다. 그즈음 남편도 치매 진단을 받아 더욱 도움이 필요한 상황이 되자, 딸이 두 분을 같이 돌보게끔 시간을 늘려 도움을 받으시라고 권유하였다. 그러나 어머니는 자녀가 지원한다고 해도 '돈 아깝다'며 거절하시고는 '힘들고 아프다'는 투정을 딸한테 계속하셨다.

어느 날 부양부담을 느낀 딸이 가기 싫다던 어머님의 고집을 꺾고 부부를 요양원으로 모셨다. 들어가신 지 한 달 만에 아버님이 돌아가신 후, 다시 집으로 돌아온 어머님은 "요양원은 사람 잡는 곳이야"라며 다시는 절대 안 간다고 하셨다.

그러나 혼자 계시며 넘어지고 다치고 하는 어머니를 보며 부담을 가진 딸이 사위를 동원하여 안 가신다고 발버둥 치시는 어머니를 번쩍 안아서 요양원 차에 태우고 떠났다. 그분도 얼마 안 가서 요양원에서 돌아가셨다. 시설에 대한 부정적인 생각은 요양원 입소 후 건강악화로 이어지기 쉽고, 적응을 못 하여 단명하게 되는 경우가 된다.

아마도 딸은 자기 잘못으로 부모님이 돌아가셨다는 죄책감에 시달릴 것이다. 이제는 시설에 대한 부정적인 인식에서 벗어나 노인 스스로 요양 시설이나 서비스의 적절한 이용으로 자녀에게 부양부담을 주지 않도록 하여야 할 것이다. 그래야 이 세상 다하는 날까지 자녀의 관심과 돌봄을 지속적으로 받을 수 있다. 자녀의 생활에 부담을 줄수록 심적 거리감으로 멀어지고 부모부양을 포기하게 만들 수도 있다.

위 어머니의 경우 자녀가 권하는 대로 하셨으면, 당신이 바라지 않던 죽음을 맞이하지 않았을 텐데라는 아쉬움이 있다.

❖ 비아그라 좀 사다 주소

○○○ 아버님은 7년째 질병으로 점점 건강이 악화가 되어 거의 누워 계신다. 어느 날 요양보호사에게 "나 비아그라 하나만 사다 줘요" 하셔서 물어보니, "이 생애 마지막으로 부인과 사랑을 불태우고 싶어서…"라고 하셨다고 한다. 특히 남성은 늦게까지도 성적 욕구가 있는 것 같다. 며칠 후 아버님이 부양부담으로 지쳐있는 부인에게 넌지시 접근하였다가 "한 번 더 그러면 요양원 보내버린다"고 소리쳤다면서 우울해 하셨고, 결국 얼마 안 가서 아버님은 요양원으로 보내졌다.

근래에 뇌졸중으로 고생하시는 60세 ○○○ 아버님과 똑같은 질병으로 10년째인 69세 ○○○ 어머님이 서로 애정이 싹트면서 몇 년을 교제하다가 합방한 사례를 접하게 되었다. 나는 소식을 듣고 잘 되었다고 지지를 아끼지 않았다. 노인의 성은 실제적인 성행위에 목적이 있기보다는 서로의 애틋한 정으로 맺어진다고 생각한다. 손잡고, 같이 식사하고, 공감하고, 병원 같이 가고 등 이성 간에 서로를 보듬는 행위일 것이다.

88세 남자인 ○○○ 어르신을 모실 때 보호자인 며느리가 어르신 목욕은 안 도와주어도 된다고 하며 건강하실 때부터 교제하시던 여자친구분이 우렁각시처럼 일주일에 한 번 와서 깨끗이 목욕시켜드리고 가신다고 했다. 애정이 깊으면 이렇게 가는 날까지 서로의 어려움을 도우며 살아가는 것이 노인의 성의 의미가 아닐까 한다.

매슬로의 '인간의 욕구 5단계'에서 욕구 중에서 가장 많은 부분을 차지하고 마지막까지 남는 욕구가 생리적 욕구라고 말한다. 생리적 욕구는 생명유지를 위한 기본적 욕구로서, 성적 욕구까지 포함한다. 보통은 사람들이 나이가 들고 질병도 생기면서 성욕은 없으리라 생각하고, 혹여 그런 문제가 발생하면 "주책이야", "정신이 있는 거야?" 핀잔주기 일쑤이고 더하여 성적 학대로 이어질 수도 있다. 하지만 젊은 사람들과 같이 '마지막 10년'에도 성에 대한 욕구는 존재한다고 보며, 인간의 기본적인 욕구로서 존중받아야 할 것이다.

이번엔 지인의 80세 ○○○ 아버님 이야기다. 문제없이 화목한 부부였는데 2년 전 부인이 먼저 돌아가셨다. 얼마 후 주위 분들의 적극적인 소개로 60세 여성분을 만났고, 동거를 시작하였다.
그런데 그 여성분의 목적은 따로 있었다. 석 달 정도는 아버님께 살갑게 잘해드리더니 그 후로는 정기적으로 드리는 생활비는 어디에 쓰는지 없고, 아침에 나가서는 저녁에 들어오시기에 아버님이 "그만 정리하자, 떠나라"고 했더니 "혼인빙자 간음죄로 고발한다"고 하셨단다. 7개월 정도 동거하셨는데 "손끝 하나 닿지 않았는데 무슨 혼인빙자 간음이냐, 고발하려면 해라" 하셨더니 바로 짐 싸서 나갔다고 한다. 그 후 아버님은 마음의 상처가 크신 듯 건강이 많이 안 좋아지셨고 얼마 후 돌아가셨다.

요즈음 노인의 성에 대한 관대한 사회 조류에 힘입어 노인들뿐만 아니라 젊은 사람들도 보는 시각이 많이 바뀌고 있다. 특히 노인복지관을 중심으로 홀몸 어르신들이 이성 교제를 많이 하시며 즐겁게 생활하시지만, 진정한 사랑과 믿음이 없는 이성 관계는 상처만 남긴다. 더욱이 연세가 드신 분들이기에 마음의 상처를 회복하지 못하고 건강까지 잃는 경우를 종종 본다. 노인의 이성 관계는 신중하게 접근해야 할 것이다.

❖ 난 개보다 못한 인간이야

92세 ○○○ 어머님은 요추협착과 고관절골절로 보행보조차에 의지하며 겨우 이동할 정도로 건강이 좋지 않지만, 딸 집에서 그 몸을 끌면서 매일 반찬 만들고 청소하며 온갖 일을 도맡아 한다. 60대 후반 딸은 매일 반려견 산책시키며 씻기고 닦이고 뽀뽀하면서 집안일엔 손 하나 까닥하지 않고, 온갖 일을 어머니에게 시킨다. 그럴 때마다 "난 개보다 못한 인간이야"라며 한숨을 쉬신다. "나 일하기 너무 힘들어, 차라리 죽고 싶다"는 말씀을 자주 하셨는데, 드디어 음독까지 하는 사건이 벌어졌다. 다행히 일찍 발견되어 살아나셨지만, 딸은 음독한 이유도 알면서 그 이후에도 집안일을 계속 시켰다. 진짜로 어머님이 낳으신 딸인지 의심이 생길 정도였다.

어머님은 요양원 가고 싶다고 보채던 분이셨다. 자녀들 입장에서는 돈 많이 들어가는 요양원에 어머니를 보낼 이유가 없었다. 그 후 건강이 더욱 안 좋아지셔서 거동이 힘들어지니 그때야 요양원으로 보내드렸다. "아유, 여기 들어오니 일 안 해서 너무 좋다"고 하셨는데, 얼마 지나지 않아 돌아가셨다.

대부분 어르신이 요양원 들어가시는 것을 싫어하시지만, 때론 이 어르신 같이 요양원가기를 학수고대하시는 분들이 계신다. 집에서 학대를 받기 때문에 마음 편하게 요양원으로 들어가고 싶어 하는 경우이다.

위의 사례의 경우 단순히 자녀의 학대가 문제로 보이지만, 그 전부터 있던 재산분배의 불만에서 문제가 왔다. 어머님은 딸 둘, 아들 하나를 두셨다. 2~30년 전까지만 해도 서울 시내에 건물을 소유한 충분하고 넉넉한 집안이었다고 한다. 그런데 아들이 사업실패로 모든 재산을 잃은 것이다. 그 후 가족들은 뿔뿔이 흩어졌고 어머님은 질병으로 거동이 불편해지면서 겨우 딸에게 얹혀살게 되었고 '개보다 못한 인간' 취급을 받았다. 딸들이 아들에게 모든 것을 밀어준 어머니를 원망하면서 미운 마음으로 학대한 것이다. 위의 어머님뿐만 아니라 주변에서 재산 분배문제 및 상속 문제로 다투는 경우를 종종 본다. 우리 액티브 시니어들도 재산 배분에 신중하여야 할 것이다.

행복하고 성공적인 노후를 준비하다

　물론 많은 사람들이 그렇게 생각하고 있겠지만, 액티브 시니어의 '마지막 10년'에는 절대적으로 자녀에게 정신적·신체적·경제적 부양을 받는다는 기대는 하지 말아야 한다. 다자녀출산 시대의 지금 어르신들과 저출산 시대의 우리는 입장이 다르다. 더구나 취업·결혼 등으로 지방이나 외국에 사는 자녀들이 많아지면서 노후를 책임져 줄 자녀가 흔치 않다. 이는 우리가 '마지막 10년'의 생활을 스스로 준비하여야 할 이유이다.

　첫째, 독립적인 개인으로서의 자율·자립생활을 유지하자.

　소노 아야코는 〈나이듦의 지혜〉에서 자립은 '타인에게 의존하지 않고 살아가는 것', '자신의 지혜로 생을 꾸려간다는 것'이라 말한다. 그리고 이런 자립은 '자율정신'을 바탕으로 성립됨을 강조한다. '자율정신'이란 자기 일상생활 전반에서 독립적 개인으로서 자립과 자율성을 유지하는 일이며, '노인 스스로의 자립'은 노후의 건강과 생명을 유지하는 길이라고 한다.

　예로 나이가 들어도 누구의 도움 없이도 요리 등 일상생활을 유지하는 것, 누워있지 않고 일거리 찾아 부지런히 움직이는 것, 경제권을 가지고 소비의 선택과 결정을 하는 것, 소외되지 않는 사회관계를 유지하는 것 등 독립적인 생활을 유지하는 것이다.

'마지막 10년'에서도 중요한 것은 자율·자립생활을 하는 것이다. 체력이 허락하는 한 기본적인 자기 일상생활을 해나가야 하고 무슨 일이든 자기가 책임진다는 자세가 필요하다. 나이가 들수록 스스로 할 수 있는 일의 범위가 점차로 좁아지는데 이것을 솔직히 받아들이는 것도 중요하다. 스스로 해결 못하는 일을 스스로 단념하고 적응하는 것도 자립이라고 할 수 있다.

둘째, 긍정마인드를 갖자.

Well-ageing(보다 건강하게 아름답게 나이 먹기)의 시대가 열리고 있다. '늙는다는 현실'을 긍정적으로 받아들이자. 그건 자연의 섭리이자 인간이 거스를 수 있는 일이 아니다. 긍정마인드로 살아간다면, 노년은 외롭기만 하고 불행한 시기가 아니다. 오히려 내적 강함과 외적 온유와 겸손을 갖춘 더욱 행복한 시기가 될 수 있다.

누구나 가는 길목에 질병이 찾아온다. 질병도 인생의 일부이다. 병은 불행의 본질이 아니고 하나의 상태일 뿐이다. 병자가 되더라도 긍정마인드로 기쁨을 발견하도록 노력하고 밝게 행동하자. 병에 걸린 사람들은 어떻게 생각할지 모르겠지만, 병의 모든 면이 악하지는 않다. 병 때문에 인간적으로 성장하고 발전하는 경우도 많다. 병에 시달리는 시간이 인생을 건강하게 만들어 줄 수도 있다. 큰 병을 겪고 난 사람들이 '세상 보는 눈이 달라졌다'고 하는 말을 주변에서 심심치 않게 듣지 않는가? 이 같은 긍정적인 생각이 정신적·육체적인 건강에 도움을 준다.

셋째, 거주용 부동산은 꼭 남겨야 한다.

늙어서 편안하게 살 집이 없으면 곤란할 수밖에 없다. 거주용 부동산은 죽을 때까지 사용할 거처이며, 나와 자녀를 지켜줄 마지막 보루이다. 그것을 어떤 이유로든 처분하게 된 이후, 최악의 경우는 본인과 자녀 모두 월세로 전전하며 근근이 생활하는 경우를 장기요양사업 현장에서 심심치 않게 본다.

거주용 부동산을 마지막까지 꼭 지킨다면, '마지막 10년'에도 자녀에게 부양부담을 주지 않고, 안전하고 편안한 마음으로 노후를 보낼 수 있다. 또한 어려움에 처한 자녀를 품을 수도 있다. 그러다가 경제적 어려움이 오면 주택연금(역모기지론)에 가입하여 노후자금으로 활용할 수도 있으니 거주용 부동산은 마지막까지 지켜야 할 것이다.

건강이 악화되어 요양원으로 들어가면, 많은 분들이 바로 사시던 집이나 방을 정리해서 없애는데, 건강이 좋아지셔서 다시 나올 수도 있으니 처분하지 않도록 하여야 한다.

지인의 시어머님은 머지않아 돌아가실 것 같아 요양원에 모셨는데, 건강을 회복하여 올해로 19년째 거기에서 생활하고 계신다. 그분같이 돌아갈 집이 없어서 장기로 요양원이나 요양병원에서 생활하시며 죽는 날을 기다리시게 되는 분들도 꽤 많다. 요양원은 건강이 안 좋아졌을 때 이용하는 이용시설이라고 생각하는 것이 좋다. 인간은 죽기 전날까지도 다시 살아날 수 있다.

넷째, 주변 사람들을 소중히 여기고 감사의 마음을 갖는다.

일생을 살아오면서 많은 사람이 스쳐 지나가지만, 끝까지 곁에서 생의 교집합을 이루는 사람들이 가족이다. 액티브 시니어의 행복한 노후생활을 위해서는 '화목한 가족 관계'가 무엇보다 중요하다.

가족 관계 중에서도 부부는 가장 기초 단위로서 가족의 핵심이며 가정의 기둥이다. 끝까지 내 곁에서 일상을 함께할 가장 소중한 사람이자 친구는 배우자다. 서로를 존중하면서 함께 '살아내는 것'이 행복한 노후일 것이다. '마지막 10년'을 보내는 어르신들을 보면, 부부가 서로 도와가면서 일상을 보내시는 분들이 제일 노후의 안정감을 갖고 생을 긍정적으로 받아들이시는 것 같다.

부부가 끝까지 해로하면 그 이상 좋을 수 없다. 그러나 어떤 이유로든 헤어진 후는 홀로 생활하게 되고 외롭고 고독한 나날이 찾아온다.

통계청에서 실시하는 인구주택 총조사에 따르면, 2015년부터 1인 가구가 우리나라에서 가장 주된 가구 유형이 되었고 이후 계속 증가하고 있다. 앞으로 액티브 시니어도 이 흐름을 비켜 가지 못하며 1인 가구 세대는 계속 증가할 것이다.

노년의 가장 큰 적은 고독과 소외다. 건강할 때부터 많은 지역주민들, 동호회원, 학우 등 주변 사람과 친분을 맺고 좋은 관계를 계속 유지하여 사는 것이 노후를 따뜻하게 보내기 위해서 매우 중요하다. 지금의 가족을 포함한 주변 사람들은 인생을 동행하는 소중한 관계이다.

또한 우리는 나이가 들수록 타인에 대해 감사하는 마음을 잊지 말아야 하고 수시로 '감사하다, 미안하다, 고맙다, 수고한다'는 언어적 수고로 움도 감추지 않아야 한다. 올해로 100세를 맞이하신 김형석 교수님은 연세도 많으시고 저명인사이시지만, 조그마한 가게의 점원에게도 "감사합니다", "고맙습니다"를 빼놓지 않고 말하신다고 한다. 당신을 위해서 정성을 다해주는 분들이 그렇게 고마울 수가 없다고 하신다.

우리는 평화로운 일상에 감사하고, 도와주시는 주변 사람들에게 항상 감사하는 마음으로 살아가야 한다. 특히 질병으로 도움이 필요한 시기, 즉, '마지막 10년'에는 더욱 그러하다. 자신을 위해서 애쓰는 가장 가까운 관계인 배우자나 자녀들에게 더욱 감사의 표시를 아끼지 말아야 한다. 그것이 가족들의 부양부담을 덜어주는 일이며, 그들 또한 더욱 사랑과 관심을 갖고 돌보아줄 것이다.

혹여 방문요양서비스를 받거나 요양시설에 입소하여 돌봄을 받게 되는 경우, 날마다 돌봐주는 직원들에게도 항상 감사하는 마음으로 대하여야 한다. 가족을 대신해서 자신의 일상을 도와주시는 분들인데, 얼마나 감사한가?

다섯째, 평소 요양서비스나 요양시설 정보 등은 미리 알아두고, 필요 시에는 내가 결정한다.

우리는 질병이 생기고 깊어지면 어떻게 대처해야 할지 우왕좌왕한다. 요양단계에 대한 정보나 지식이 없기 때문이다.

우선은 건강에 이상이 오면 병원을 찾는다. 질병에 대한 진단과 치료,

재활 등을 위해 의료보험으로 병원, 의원, 약국 등을 이용하는 것이다. 그러다 질병이 깊어지고 거동이 힘들게 되면 장기요양보험을 신청하여 장기요양 시설이나 서비스를 이용하면 된다.

노인장기요양보험제도는 고령이나 노인성 질병 등의 사유로 일상생활을 혼자서 수행하기 어려운 노인 등에게 신체활동 또는 가사활동 지원 등의 장기요양급여를 제공하여 노후의 건강증진 및 생활안정을 도모하고 그 가족의 부담을 덜어줌으로써 국민의 삶의 질을 향상하기 위한 제도이다. 즉, 자식 대신 사회에서 효를 행하는 '사회적 효'인 것이다. 이 제도를 적절하게 이용하면 자녀들에게 의존하지 않는 자립적인 노후생활에 도움을 받을 수 있다.

실제로 이 제도 시행으로 노인들이 저렴한 비용으로 전문적 서비스를 받고, 가족의 부양부담도 완화되어 제도의 긍정적 평가가 높다.

'마지막 10년'의 요양생활에 대한 준비로 평소에 지인이 이용하는 시설이나 서비스 등에 관심을 두고 관찰하면 도움이 될 것이다. 또한 여러 가지 경우를 통해서 알게 된 요양정보 등에 관심을 갖고, 혹시 마음에 드는 시설이나 서비스 등이 있으면 직접 찾아가 보고 경험하여 마음의 결정을 미리 해 두는 것이 좋다. 이런 준비로 필요시에 누군가 선택해 주는 것이 아니라, 이미 내가 가보고 선택한 시설이나 서비스를 받도록 준비한다면 보다 마음 편안한 노후를 맞을 수 있다.

당당한 '마지막 10년'을 위하여

'노후'는 누구에게나 있지만 그 삶의 질은 천차만별이다. 준비된 노후와 준비 안 된 노후는 분명히 결과적으로 다르다. '마지막 10년'임에도 당당한 노후를 보내시는 어르신들도 많지만 준비 없이 노후를 맞이해 보내는 분들도 주변에서 쉽게 발견한다. 자신이 액티브 시니어로서 열정을 가지고 자아실현의 쾌거를 이루었다 하더라도 '마지막 10년'이 여러 이유로 불행하다면, 자신의 인생 평가는 후회스러울 수밖에 없을 것이다. 액티브 시니어들은 '마지막 10년'을 당당하게 살아가기 위해 준비하여야 한다.

인생의 마지막 의무는 아름다운 노년을 준비하는 것이다. 살아온 날만큼 인생의 아름다운 마무리도 중요하다. 100세 시대는 분명 축복받은 시대이다. 길어진 나의 노년을 어떻게 행복하게 살 것인지 스스로 준비하고 계획하는 일이 필요하다. 그 준비 속에서 아름답고 활기찬 액티브 시니어의 삶도 펼쳐질 것이다.

[참고문헌]

* 〈나이듦의 지혜〉(2015), 소노 아야코
* 〈요양보호사 양성 표준교재〉(2018), 보건복지부
* 〈돈 안 드는 노후준비 7원칙〉, 김창기
* 〈100세 쇼크〉, EBS 다큐프라임
* '한국인의 마지막 10년'(2014), 조선일보 연재
* '2016년 생명표', 통계청

12장

날마다 성장하는 나

정혜숙

– 동국대 평생교육원 시니어플래너지도사과정 강사
– 시니어플래너지도사
– 액티브시니어지도사

새로운 도전에 한 발자국

어느 여름 오랜 세월 알고 지낸 친구 임경으로부터 10여 년 만의 통화에서 요즈음 무엇을 하고 지내느냐고 물었다. 친구는 동국대 평생교육원에서 공부하고 있으며 이번 여름학기 특강반에서 진행 교수를 맡았다고 했다. 임경의 즐거움과 자신감에 찬 목소리, 동국대학이란 말에 귀가 쫑긋해졌다. 친구는 동국대 평생교육원 시니어플래너 지도자 과정에 등록해 들어보라고 나에게 권유하였다. 친구의 말을 듣고 맹목적으로 이대 앞에서 운영하던 의류샵의 피크타임 때 4시간 문을 닫고 강의를 들으러 다녔다.

❖ 내 마음을 훔친 명언

고등학교 1학년 첫 수업 시간은 윤리 시간이었다. 얼굴이 하얗고 한마디로 멋지게 생기신 남자 선생님께서 책을 덮으라고 하셨다. 그리고 잠시 눈을 감으라고 하셨다. "얘들아, 인생에는 3번 기회의 신이 찾아온단다. 알 게도 때론 모르게도 찾아오지. 잠깐 눈을 감고 상상해보아라. 막막한 사막을 걷고 있다. 저 멀리서 야생마가 달려오고 있다. 두려움을 떨치고 그 순간 말 갈퀴를 낚아챈다면 말 등에 올라탈 기회를 잡으며 말 등에서 떨어졌다고 자포자기하지 않고 말총이라도 잡고 달리는 말에 매달리면 언제가 말 등에 올라탈 기회를 잡는단다. 기회란 언제든지 자신의 옆에 있지만 아차 하는 순간 놓칠 수 있지. 가장 중요한 순간 자신이 옳다고 생각하는 그 순간이 바로 기회를 포착한 것이란다. 곧 성공의 기회 말이다. 그래서 지금부터 너희가 공부할 수 있는 이 순간을 놓치지 않고 허송세월을 보내지 않는다면 너희는 원하는 대학에 갈 것이며 그 기회는 너희들 것이 될 수 있다. 두려워하지 말고 도전의 기회를 놓치지 말아라. 너희들의 미래는 꿈꾸는 대로 이뤄질 것이다."

❖ 꿈을 실현하는 60대

아련한 50년도 넘는 세월 윤리 선생님께서 하신 그 말씀을 나는 부적처럼 맘에 새기고 있었다. 모든 것이 꼭 기회 같았고 이루어질 것 같았던 모든 일들은 전문성이 없는 맹목적인 것이었기에 모래 위에 쌓아 놓은 성과 같았으며 사막에서 보이는 신기루 같은 것이었고 꿈꾸는 파라다이스이었다. 그러나 판도라 상자가 열리는 그 순간 허망한 꿈들이었고 무모한 도전들이었다. 모든 것에서 자포자기하고 더 이상 멀어진 꿈과 환상에서 벗어나 보려고 발버둥을 쳤다. 인생의 황금기는 나의 50대 초반에 모두 끝난 것 같았고 다시는 돌아올 수 없는 강물과 같은 시기를 보냈다.

50대 중반, 딸을 도와서 이대 앞 골목 상권에서 더블링 의류샵이라는

7.5평에 나를 가두어 두는 일상이 시작된 지 8년째 되는 어느 날에 찾아온 계기. 내 인생의 터닝 포인트가 될 줄은 아무도 몰랐고 나조차도 꿈꾸지 않았다. 그저 갇혀있던 일상에서 잠시 일탈을 시도해보는 과정에 불과했다. 동국대 평생교육원 시니어플래너지도자과정은 더운 여름 첫 강의를 듣던 날 멈추어 있던 나의 뇌에 중독처럼 배어 있던 배움의 열정을 스멀스멀 열리게 했다. 확신은 없었지만 나도 강의를 해보고 싶다는 욕구는 있었다. 다만 내가 무엇을 강의하고 무엇을 풀어놓아야 할지 자신감이 없었다. 하늘을 찌를 것 같았던 나의 자존감은 땅에 떨어져 있었다.

다시 7.5평의 공간에서 하루하루 보낼 때 동기들의 회장이었던 이도연 회장님이 푸드테라피, 즉 요리심리상담사를 한번 해보라고 권유했다. 세계아동요리협회에서 진행하는 요리심리상담사 자격증을 취득하고 뜻이 맞는 동료들과 이대 교수님께서 운영하는 섬유학과 전시장을 빌려 요리심리상담사지도자과정 1기를 배출해냈다. 그리고 용기를 내어 구기동에 있는 지인의 건물을 빌려서 간판도 달았다. '오감 푸아테'라는 간판을 달고 2기, 3기, 4기, 5기 지도자 배출을 하는 동안 푸드테라피에 대한 자신감이 생겼고 뒤에서 보조만 하던 나도 푸드테라피 이론을 접목한 강의를 하게 되었으며 첫 강의를 하는 날 나의 가슴은 뛰었다.

전문적인 푸드테라피 강의를 위하여 덕성여대 평생교육원 미술심리과정, 연세대 미래교육원 푸드테라피 집단 상담과정, 서강대 자존감코칭과정 등을 통하여 20여 개의 상담에 관련된 자격증을 취득하였다. 이러한 과정들을 통하여 자신감을 얻고 동국대 시니어플래너지도자과정 김대정

주임교수님께 강의를 부탁하였을 때 교수님께서 흔쾌히 허락해 주셨으며 그날의 감사함을 지금도 잊을 수 없다. 꼭, 동국대 평생교육원에서 강의하고 싶었던 소원은 이루어졌고 2학기 외래초빙교수와 책임교수로서 시니어의 진로직업지도에 대하여 강의하였다.

그 후 연세대 미래교육원에서 자서전 쓰기 "써, 써, 써" 강의를 하였고, 서강대 자존감코칭과정에서는 자서전 쓰기 "돌아봄, 바라봄, 내다봄" 강의를 하였다. 강의 대상은 유아부터 90대 어르신까지이다. 초·중·고생들에게는 자신을 사랑하는 자존감 수업, 교사들의 소양교육 및 감성 수업, 어르신들의 활기찬 인생을 위한 수업과 치매예방 건강기원 수업 등을 푸드테라피와 접목하여 진행하였다.

내 나이 60을 훌쩍 넘기고 늦깎이 청춘에 나는 강단에 섰다. 100대 시대에 돌입한 지금이야말로 우리가 할 일이 많은 시대이다. 그리고 자신이 잘하는 것이 무엇이며 내 속 안에 있는 끼가 무엇인지를 꺼내보는 기회를 갖고 꿈을 펼쳐보면 분명 꿈틀거리는 그 무엇인가가 보일 거라고 이야기한다. 자서전 쓰기 강의를 할 때면 항상 몇몇 분들은 자신이 쓴 한 장의 역사에도 울음을 터뜨린다. 그것만 보아도 그분들의 내면에 큰 꿈과 야망이 있었음을 알 수 있다. 바로 예전에 내가 그랬듯이….

내 지나간 20대, 30대, 40대, 50대는 그냥 무작정 살아왔으며 스쳐 지나온 세월이다. 그 스치듯 지나온 세월을 딛고 지금의 60대가 내 인생의 최고의 정점이라고 생각한다. 내면에 잠자고 있던 끼는 깊은 수면에서 꿈틀거리며 일어났고, 그것은 곧 행위 예술처럼 나를 일깨우며 신명 나게 나를 춤추게 한다. 그렇게 유명하지도 활동 영역이 넓은 것도 아니지만 누군가 앞에서 마이크를 잡는 순간 나는 스타강사가 된다.

미장원 원장과의 대화 속에 얻어진 교훈을 소개하고자 한다.

> – 어제 무슨 일 있었나요?
> – 손님과 약속 시각을 못 지켜 원성을 사게 되었어요. 제가 외손녀 아침
> 을 책임지고 봐 주는데 그날따라 손녀가 어린이집을 안 가려고 떼를
> 쓰고 보채는 바람에 약속한 시각에 도저히 미장원에 갈 수가 없었지
> 요. 손님이 먼저 전화가 와서 동네 은행이라도 한 바퀴 돌고 오시면 어
> 떠냐고 제안했는데 안 된다고 하시면서 시간이 없다고 하시더군요. 내
> 실수이긴 하지만…. 다시 오시면 좋고 안 오셔도 할 수 없지요. 그래서
> 나에게 손님을 소개한 단골손님께서 화가 많이 났어요. 좋은 원장님이
> 라 많은 사람들에게 소개해 드렸는데 제가 약속을 못 지켜 소개해준
> 손님에게 죄송했다고 하더군요.

손님과 약속을 못 지킨 자신을 생각하니 못난 사람이라고 생각하게
되었다며 슬픈 얼굴로 이야기했다. 나는 원장님의 팬으로서 말했다.

- 원장님을 생각해서 말씀드린다면 단골손님께 내가 이러이러한 상황이 있어서 실수했노라고 말씀하신다면 아마도 깊은 노여움은 줄어들지 않을까요? '한 명은 천 명의 군중을 감동시킬 수 있지만, 천 명은 한 명의 마음을 얻지 못한다'라는 말이 있어요. 원장님은 한곳에 오래도록 자리 잡고 계시니 광고의 힘을 빌리지 않아도 미장원을 유지 가능하지요. 물론, 원장님의 영업방침과 아티스트적인 기능을 믿고 찾아오는 손님들이겠지만 약속의 중요성에 대해 얘기해 드리고 싶어요. 원장님의 미용실에는 문턱이 있나요? 제가 알기로는 문턱이 없는 듯한데요.
- 네, 맞아요. 문턱이 없어요.
- 그래요. 원장님 미용실에 문턱이 없다는 것은 누구든지 쉽게 들어오라는 뜻이기도 하지요. 그러다 보니 손님의 귀함을 잘 모르는 것이지요. 누군가를 호객할 필요도 없고 전단에 광고할 필요도 없고 기다리면 나를 필요로 하는 사람은 오겠지 하는 안일함이 원장님의 마음속 깊게 자리 잡고 있는 것 같아요. 그러기에 자신이 약속을 저버리는 것은 그럴 수 있다고 생각하며 손님들이 다 이해해주실 거라고 확신에 차 있지요.
- 어머나. 지금 생각해보니 약속을 못 지킨 나의 생활과 나의 처지만 탓했지 손님들에게 죄송하다는 말을 해본 적이 없습니다.
- 원장님은 참 지혜로운 분이군요. 이야기할 때마다 많은 변화를 보이는 것을 보았습니다. 누군가는 다른 사람의 흠을 잡으면 심하게 질타하는 사람들도 있겠지만 그래도 원장님의 손님들은 참으로 이해심이 많은 분들이 많다고 생각합니다. 그래서 원장님은 행복한 분이십니다.

내가 자주 다니는 미장원 원장님과의 대화의 일부분을 옮겨 보았다.

자존심은 타인에게 비치는 내 안의 긍정적인 마음이며 자부심과 자신감은 나의 내면에서 스스로 자신의 가치나 능력을 당당히 믿고 여기는 마음이다. 자신의 팔자타령을 하는 사람 치고 자존감이 높은 사람은 없다.

자부심과 자신감이 당당하면 자존감은 높아진다. 대부분의 사람들은 자존심은 높고 자존감은 낮다. 자신을 칭찬하고 사랑하고 자신의 내면에 있는 능력을 들여다보고 그 능력의 가치를 당당하게 꺼낼 수 있는 사람이야말로 자존감이 높은 사람이다.

자존감 수업을 할 때 항상 나는 이런 질문을 한다.

첫째, 나는 자존심이 센 사람인가?
둘째, 자부심이 강한 사람인가?
셋째, 자신감이 많은 사람인가?

과연 나는 세 가지 중에 어디에 더 큰 비중을 둘까? 자존감은 스스로 하는 칭찬에 의해 높아질 수 있다. 나는 나를 소개할 때 항상 언제 어디서나 '파워 에너지 드링크 정혜숙 강사'라고 자신 있게 말한다.

많은 결혼식에 가서 춤을 추면
많은 장례식에 가서 울게 된다.
많은 시작의 순간에 있었다면
그것들이 끝나는 순간에도
있게 될 것이다.

자신이 느끼는 상실이
크다고 생각된다면
삶에서 그만큼
많은 것을 시도했기 때문이다.

많은 실수를 했다면
아무것도 하지 않고
산 것보다 좋은 것이다.

별에 이를 수 없는 것은
불행이 아니다.
불행한 것은 이를 수 없는
별을 가지고 있지 않은 것이다.

- 엘리자베스 퀴블러 로스, 〈인생수업〉 중 -

누군가가 나에게 넌 지금의 너를 어떻게 생각하냐고 물어 와준다면 젊은 시절의 나였다면 무조건 막연히 이렇게 말했을 것이다. 앞만 보고 열심히 살아왔다고. 그러나 지금의 나는 이렇게 대답한다. 맹목적으로 열심히 아닌 최선을 다하는 삶을 살고 있다고, 그리고 죽는 날까지 목적 있는 삶, 최선의 삶을 살 것이라고. 확실하게 답할 것이다. 그리고 그 삶을 즐기며 살아갈 것이다.

엘리자베스 퀴블러는 많은 실수를 했다면 아무것도 하지 않고 산 것보다 나은 삶을 살아온 것이라 말한다. 아마도 삶의 경지에 다다른다는 것은 많은 실패나 성공이나 이 모두를 행한 곳에서 답을 얻는다는 것이다. 지금 나는 송파문화원에 인문학강좌를 한 계기로 송파구민을 위한 초청강사로 나의 강좌를 개설하게 되었다. 즉, 실패하더라도 성공하더라도, 나는 행하여 본다는 것에 의미를 두며 결과는 시간이 말하여줄 것이다.

나의 유년시절의 추억

❖ **하나, 친구와의 추억**

부산 송도 밤바다와 갯바위에 앉아서 언니들과 동네 오빠였던 지금의 셋째 형부와 형부 친구들과 노래를 부르고 밤바다에서 수영하며 노랗고 큰 주전자에 나의 얼굴만 한 돌게를 잡아서 맛있게 쪄 먹었던 기억. 비릿한 바닷냄새가 내 코끝의 향수를 불러일으킨다. 그 당시 내 나이 8~9살 무렵이었다. 영도다리가 하나만 있었을 때 하루에 두 번씩 다리가 들렸다. 호루라기로 사람들을 물러서게 할 때 개구쟁이였던 나는 영도다리가 올라가는 것을 가까이서 보려다가 들켜서 혼이 난 일도 있었다.

지금 어른이 되어서 가끔 부산에 가면 예전에 살았던 동네를 한 바퀴 돌아보곤 한다. 마침 어릴 적 살았던 그 집엔 여전히 친구 어머님께서 살고 계셔서 너무나 반가웠다. 어릴 적 그렇게 높았던 부엌의 높이는 머리를 숙여야 들어갈 수 있었고, 한없이 높게만 보였던 부엌 시렁은 그저 손만 뻗으면 닿을 높이가 되었다.

유난히 옛날이야기를 잘해주던 주인집 딸은 동생들과 나를 나란히 눕

혀놓고 자주 귀신 이야기를 해주었다. 지금 생각해보니 귀신 이야기를 하면서 우리를 놀라게 하는 재미를 쏠쏠하게 느꼈던 같다. 항상 친구 집은 강냉이가루를 넣고 쑥버무리를 해서 밥처럼 4남매가 먹었는데 난 강냉이떡이 먹고 싶어 항상 나의 흰 쌀밥을 주고 바꿔 먹었다. 나는 항상 '을'이었고 쑥버무리를 주는 친구는 '갑'이었다. 알고 보니 쌀이 부족해서 식량으로 늘려 먹었던 것이었다. 아마도 자존심이 센 친구였던 것 같다. 우리는 세를 살았지만 아버지의 벌이가 꽤 좋았던 것으로 생각이 난다. 늘 쌀밥을 먹은 기억이 나기에 아버지에게 감사함을 전한다.

친구의 어머님은 친구 남동생은 신부님이 되었다는 이야기부터 자식 자랑에 시간 가는 줄을 모르셨다. 옛날이야기를 잘 해주었던 친구를 찾아가 보니 건국대 앞에서 우유 대리점을 하고 있었다. 어느새 아이들 엄마가 되어 만난 우리는 시간 가는 줄 모르고 이야기꽃을 피웠다. 나의 십 대 초반을 살찌워주었던 부산의 추억이다.

❖ 둘, 언니들과의 추억

언니와 함께 다니던 중·고등학교를 찾아가 보았다. 광복동 그 자리에 학교는 있었지만, 학교라기보다는 그저 빌딩 숲 속의 작은 건물이었다. 모든 것은 그 자리에 변함없이 서 있었는데 변한 것은 우리들이었다. 나의 청소년 시절을 함께 했던 넷째 언니는 당시 나의 보호자이자 든든한 지원군이었다. 언니는 나보다 세 살 위였지만 나이보다 훨씬 어른 같았고 지금 생각해보니 언니의 속을 많이도 태웠다. 그리고, 결혼해서도 나의 친정엄마 노릇을 해준 넷째 언니를 많이 사랑했으며 나의 청소년 시절의 지주대의 역할에 늘 언니가 있었다.

나를 큰딸처럼 생각해주는 큰 언니, 나를 남자 동생처럼 생각해서 태권도, 복싱, 레슬링, 남자가 하는 모든 운동을 시키고 싶어 했던 둘째 언니 덕분에 태권도 초단을 취득하였다. 생애 최초의 자격증이며 국기원에 가서 시험을 보았는데 그때가 중학생 때의 일이다. 일찌감치 세상을 떠난 유머의 달인 셋째 언니와 나는 아마도 개그맨 기질이 있었던 것 같다. 이러한 추억들은 나의 글쓰기 도전에 한몫한다.

자서전 쓰기 도전

　지금부터는 글로 쓰는 자서전과 사진으로 쓰는 자서전 2가지를 접목하여 자서전 쓰기가 어렵지 않음을 이야기하려 한다. 간단히 설명한다면 자서전의 의미는 "돌아봄, 바라봄, 내다봄" 등을 통하여 과거를 돌아보고, 현재를 바라보며, 미래를 내다보며, 생각을 글로 쓰는 것이며 사전적 의미로는 자신의 생애를 스스로 적은 글이다.

　어떤 이는 "글이란 생각이나 마음의 소리를 그림으로 표현하는 것"이라고 말한다. 나는 글은 마음의 소리를 그림으로 표현한다는 인문학적 표현에 감동했다. 또한, 훌륭한 사람만이 자서전을 쓴다는 개념이 자리 잡았던 예전과는 달리 요즘은 누구나 나의 이야기를 쓸 수 있다. 요즘은 사진으로 쓰는 자서전 수업이 유행처럼 각 복지관 및 문화센터 등에서 이루어진다.

　치매는 국가가 책임져야 한다는 국책사업이 진행되고 있다. 자서전 쓰기는 어르신들의 치매를 예방할 수 있고 어르신들에게 즐거움을 줄 수 있다. 또, 인지능력을 키우고 삶의 의미를 부여할 수도 있다. 어떤 어르신은 자서전을 쓰면서 버킷 리스트 속에 노숙자 되어보기 등을 쓰기도 한다. 이유는 어려운 그들의 입장이 되어보고 싶다는 것이다. 자서전 속에

자녀들에게 당부하는 글도 써놓기도 하는데 '빚보증 서지 마라. 그 이유
는 목에 밧줄을 동여매고 있는 것과 같다'는 지혜로운 당부도 있었다. 그
외 어려운 사람을 돕고 살라는 글들도 많았다.

또한, 추억 속의 사진들을 노트에 부치고 그 시절의 기억들을 상기하
며 글을 쓰신다.

어려웠던 시절 보릿고개 등을 떠올리며 울먹울먹 이야기하실 때 나
는 가슴이 저려온다. 한글도 못 읽고 못 쓰던 어르신들은 문해교육을 통
해 한글을 깨우치고 시도 쓰시고 자서전에 도전하여 복지관의 도움으로
어르신만의 책을 내시기도 한다. 그중에는 90세가 넘는 분들도 계시다.
자서전 속에 삶의 지혜를 담아내기도 하며 잊혀가는 전통놀이와 시대
의 역사상도 표현해 놓으신다. 또, 입학식·졸업식 사진에 요즈음은 서기
2019년도라 쓰지만 단기 4000년도 등으로 표기한다고 하니 모르던 옛

날 표기법에 젊은이들도 재미있어한다.

나는 자서전 강의를 하면서 '자신에게 보내는 편지'를 쓰는 시간을 가졌다. 그중 기억에 남는 분으로 미술학원을 운영하는 수강생 한 분께서 이런 말씀을 하셨다.

"이제부터 게으른 생활에서 벗어나 열심히 하려고 합니다."

그래서, 나는

"열심히 하지 마시고 그냥 하세요. 모든 일을 맹목적으로 열심히만 하다 보면 금방 지치고 힘들어지고 포기도 빠르게 되는 것 같아요."

"어머 맞아요. 교수님! 교수님! 교수님!"

무척이나 공감된 듯한 표정과 리액션이 아직도 기억에 생생하다.

자서전 종강일, 강의가 끝난 후 한 수강생이 나의 두 손을 꼭 잡으면서 "교수님 오늘 너무 귀한 강의 잘 들었습니다"라고 했다. 정말 감사하다면서 대구에서 왔다는 간단한 소개와 함께 교수님의 강의를 듣는 지난 일주일간 너무 행복했다고 말했다. "선생님의 아름다운 모습과 진심 어린 말씀이 나에겐 힘이 되었습니다." 나는 그분의 말씀에서 받은 그때의 감격을 잊을 수 없어 지금 이 글을 쓰면서도 설렘을 느낀다.

아프리카 속담에 '노인 한 분이 돌아가시면 도서관 하나가 없어진다'는 말이 있다. 그렇다. 어르신들의 삶은 우리의 역사이고 우리의 삶의 지혜이며, 그들은 우리 전통의 산증인이다. 한분 한분의 삶의 비슷함은 있으나 각기 다른 삶을 표현해냄으로써 더할 수 없이 그 시간이 재미있다. 꼭 육하원칙이 아니어도 좋으며 삐뚤빼뚤한 글씨여도 괜찮다. 표현이 멋지지 않아도 되며 서사적이지 않아도 된다. 자신이 살아온 날 중 몇 가지, 즐거움의 몇 단락이어도 좋다. 꼭 좋은 이야기가 아니어도 좋다. 한 움큼 부끄러움을 꺼내 놓아도 된다.

어느 복지관 수업에서 나비를 표현하는 중에 "이 나비는 어떤 나비인가요?" 하는 물음에 "호랑나비지"라고 답한 80대를 훌쩍 넘기신 남자 어르신의 이야기다.

"내 나이가 30대 때야 훨훨 날았지." 곧 날 것같이 팔을 들었다 놓았다 하시며, 나도 잘나가던 시절이 있었다고 향수에 젖는 그 어르신의 표정에는 지금 커다란 바위도 들 것 같은 행복함이 있었다. 풍채도 좋고 얼굴도 근사하신 치매 초기의 어르신이셨다. 정말 멋진 호랑나비의 표현에 감동받았다고 했을 때, 기쁨에 찬 그 표정을 잊을 수 없다.

옆에 계시던 89세 여자 어르신에게 "언제가 인생에서 가장 즐거웠던 때였을까요?" 물으니, 16살에 남편에게 시집갈 때라고 하셨다. "그럼 가장 잘하신 일은요?" 여수에서 주막을 했는데 주막집을 해서 자식 4남매 모두 대학 보내고 시집 장가보낸 일이 자신이 한 일 중에 제일 잘한 일이라고 하셨다.

향수에 젖는 그 어르신의 눈가는 촉촉했지만 행복해 보였다. 복지관 수업을 할 때면 집에 계시는 시어머님 생각이 나 더욱 활기찬 수업을 진행한다. 지금 나는 89세 되는 시어머니와 함께 산다. 주변 사람들은 어르신 모시느라 힘들지?라고 한다. 어느 가정에서나 할 수 있는 걱정들이다. 나는 함께 산다고 하지 모신다고는 않는다.

　감정식당 수업 시간에 이서원 교수님이 닮고 싶은 사람 한 명만 써보라고 말씀할 때 난 시어머님을 썼다. 나는 나의 시어머님이 좋아 결혼한지 40년이 지난 이 나이에도 그냥 엄마라고 부른다. 지금은 거동이 불편하여 주변의 도움을 받아야 하지만⋯. 형평성 있는 처세, 맑은 정신과 영혼을 가진 시어머님처럼 나도 아름다운 어르신으로 익어 가고 싶다.

　복지관의 주간 보호를 받고 계시는 어르신들과의 수업은 다가올 미래의 나를 생각하게 한다. 100세 시대에서 100대 시대, 곧 '리본 세대'라 칭하는 고령화사회에서 사는 우리는 막연하지 않은 노후를 준비해야 한다. 아름다운 나의 미래를 막연하지 않게 준비해야 한다. 그러기 위해 나는 지금 글을 쓰고, 내일 있을 강의 준비를 하고, 조금 더 새로운 자료를 준비하고 좋은 발표를 위해 노력하고, 수강자 앞에선 스타강사처럼 자세를 취하고 꾸미지 않는 있는 그대로의 열정을 보여주려 한다. 또한 결코 막연하지 않은 나만의 끼로 막연히 열심히가 아닌 목적 있는 삶을 위해 최선을 다한다.

송파문화원 플래카드에 적힌 나의 이름 석 자가 나부낄 때 느끼는 큰 기쁨. 〈푸드테라피와 떠나는 여행— 정혜숙 교수〉라는 글을 볼 때 이런 생각을 한다.

열심히 한다고 목표한 것(꿈)을 다 이루는 것은 아니다. 하고 싶은 일, 잘하는 일이 무엇인지 수많은 학습과 체험을 통해 내 것으로 만들었을 때 곧 나의 인생 2막의 행복한 재도전이 이뤄진다고 생각한다.

이렇게 강의할 수 있는 것은 내가 훌륭해서라기보다는 맹목적으로 열심히 하지 않고, 최선을 다한 결과물이라 생각한다. 강사임에도 교수라

호칭해 주는 수강생들께 고개가 저절로 숙여지며 고마움과 함께 부끄러움조차도 자랑스럽게 여기는 나 자신을 토닥여본다.

끝으로, 지금의 내 인생의 등불을 밝혀 주신 분들께 감사드리며 시니어플래너과정의 김대정 교수님, 이임경 친구, 이도연 회장님, 서울사회복지대학원 강인숙 교수님, 백항선 협회장님께 감사 말씀을 드린다.

또한, 가족들에게 고마움을 전하고 싶다. 먼저, 거동은 불편하지만 나의 정신적 지주인 시어머님께 감사하다는 말씀을 드리고 싶다. 또한, 예전과 다르게 나에게 아낌없이 지지를 보내는 남편에게 감사함을 전한다. 그리고 딸과 사위에게도 고마운 마음을 전한다. 사위는 어머니가 좋아하고 행복한 일을 하시라고 흔쾌히 가게를 정리하게 도와주었으며 든든한 후원자가 되어 주었다. 멀리서 생활하는 큰아들의 아낌없는 응원에도 고마움을 표한다. 특히, 아름다운 청년으로 성장하고 있는 늦둥이 아들에게도 고맙고 사랑한다는 말을 전하며 이 글을 마무리하고자 한다.

[참고문헌]

* 〈인생수업〉, 엘리자베스 퀴블러 로스
* 〈시니어플래너과정 사진으로 쓰는 자서전〉, 오인승
* 〈니들이 내 인생을 알어!〉, 김일규

13장

행복한 삶을 영위하기 위한 준비

최화자

– 숙명여대 미래교육원 시니어플래너지도사과정 강사
– 시니어플래너지도사
– 액티브시니어지도사

무엇이 행복을 결정할까?

삶 속에서 행복해지려는 것은 거의 보편적인 인간의 목표일 것이다. 우리 인간의 삶의 궁극적 목적은 행복한 가운데 질적인 삶을 영위하는 것으로 삶의 향상을 위한 결정적인 요인으로 자아실현이라고 할 수 있다.

Maslow(1970)는 자아실현을 개인의 잠재된 가능성을 충분히 발휘하여 실현시키는 일이라고 했다. 사람이 만족하고 행복을 느끼기 위해서는 자신이 바라는 일을 계획하여 실현하고자 한다. 사람들이 추구하는 최고의 정점이 행복인 것이다.

삶 속에서 행복해지려는 것은 인간의 중요한 목표이다. 행복을 추구할 권리가 있듯이 인간은 타고난 재능을 양성하고 삶을 더욱 풍요롭게 하는 데 많은 관심을 갖는다.

우리나라는 '고령화사회'를 넘어 2018년 7월 기준으로 65세 이상 고령자 비중이 14.3%에 달하는 '고령사회'로 들어섰다. 노인 인구의 증가는 노인의 경제적 빈곤, 질병, 소외 및 고립문제 등과 같은 많은 문제로 이어질 수 있다. 이에 국면해 은퇴 이후 그 자리에 머무르지 않고 자기 계발을 위한 자기중심적이고 감각을 중시하는 소비성향을 갖춘 다양한 취미나 여가활동을 즐기며 자신에게 투자하는 독립적인 노년의 삶을 즐기는 이른바 통크족이 등장하였다.

최근 행복, 웰빙(Well-being) 등은 삶의 질에 대한 관심이 점점 커지면서 우리 사회 전반에서 사회·경제·문화적으로 중요한 가치를 점유하고 있다.

Neugarten(1968)은 삶의 만족도란 개인의 일상생활을 구성하는 활동을 통하여 기쁨을 느끼고 자신의 삶을 가치 있고 의미 있다고 여기면서 스스로에 대하여 긍정적인 자아상을 가지는 것으로 스스로 삶의 목표를 성취했다고 느끼면서 낙천적인 감정과 태도를 유지하는 것이라고 하였다.

건강한 삶을 위해 목표의식을 갖자

노화는 자립적인 생활을 어렵게 만들고 각종 노인성 질환을 일으키는 주범으로 누구에게나 보편적으로 초래되는 일방통행적인 비가역성의 변화로 거스를 수는 없다. 그렇지만 삶의 행복과 자신감 있는 자아실현을 위해 건강하게 살아가도록 노력해야 한다.

행복한 사람이란 인지적으로 자신의 삶을 만족스럽게 평가하고, 일상생활에서 부정적인 정서보다 긍정적인 정서를 더욱 많이 경험하고 있는 사람이라고 한다.

초고령사회, 이제 단순히 오래 사는 것보다 얼마나 건강하게 사느냐가 관건이다. 사람마다 노화의 속도는 다르다. 그렇다면 노화를 늦추고, 신체나이를 되돌릴 방법은 없는 것일까.

신년특집으로 방영된 KBS '80세 청춘의 비밀'(2016.1.13.)에서는 슈퍼시니어 연구를 통해 '운동'의 놀라운 효과를 밝히고, 건강하고 행복한 노후로 가는 길을 안내했다.

모리타 미츠 할머니는 93세의 나이로 100m를 23초대에 달리는 90대 여성 내 100m 세계 신기록 보유자다. 더 나은 목표를 위해 타이어 끄는 맹훈련을 마다치 않는 할머니는 식사준비나 청소 같은 집안일도 손수 해야 직성이 풀린다. 경기장에서도 영락없이 프로다운 육상 실력을 선보인다.

세계 최고령 단거리 선수인 106세 미야자키 히데키치 씨. 흐트러짐 없는 자세로 뛰는 모습은 100세를 넘긴 노인이라고 믿기 힘들 정도다. 도보 여행가로 잘 알려진 77세 황안나 할머니. 세계 방방곡곡 그녀의 발길이 머물지 않는 곳이 없을 만큼 걷는다. 91세 한동렬 할아버지. 아흔이라는 나이가 무색할 정도로 축구에 대한 열정이 가득해 매일 새벽 축구연습을 위해 집을 나선다. 고강도 활동에도 지치지 않고, 활기찬 노후를 보내는 세계의 슈퍼 시니어들은 무엇이 다를까.

'슈퍼 시니어'란 캐나다의 한 연구에서 등장한 단어로 여든다섯 이후에도 중증 질환 없이 자립적인 생활이 가능한 건강하고 활력 있는 노인들을 말한다.

노화와 운동엔 어떤 직접적인 관련이 있는 것일까? 슈퍼 시니어의 비밀을 밝히기 위해 6주간 일반 노인을 대상으로 운동실험을 진행해 본 결과 흥미로운 사실이 나타났다. 캐나다의 한 대학에서는 근력운동이 인지 기능에도 영향을 미친다는 놀라운 연구 결과를 발표했다. 중년부터 꾸준히 20~30년 동안 운동하고 긍정적인 생각과 도전적으로 살고 즐거움과 행복을 찾는 게 건강하고 행복한 노후를 가져온다고 제시하였다.

■ 슈퍼 시니어(Super Senior)?

1. 80세 이상
2. 주요노인성 질환(암, 심혈관계질환, 치매, 당뇨, 호흡기질환) 없음
3. 활기차고 자립적인 생활 가능

- KBS '80세 청춘의 비밀' -

건강한 노인을 슈퍼 시니어라고 부르는데 이들에게 특별한 유전자가 있는지 찾아보았고 약 2% 정도 노화를 방지하는 돌연변이 유전자를 가진 걸로 발견되었다. 모든 장수자에게 발견되는 건 아니지만 유전자는 노화를 지연시키거나 노화와 관련된 질병으로부터 보호하고 오래도록 건강하게 살게 돕는다.

일본 도쿠시마 의대 연구에 의하면, 슈퍼 시니어의 공통점은 1주일에 평균 4일, 하루에 1.6시간 정도 계절에 관계없이 꾸준히 운동을 하고 우울증이 적고 자신감 상실이나 불안 증세도 적어 생활만족도가 높았다. 일반 노인의 인생 목표의식 점수가 35~40점대라면 슈퍼 시니어의 인생 목표의식 점수는 50점 만점이었다. 이처럼 일반 노인과 슈퍼 시니어의 다른 점은 노후에도 거의 바뀌지 않는 인생에 대한 목표의식이다. 슈퍼 시니어는 일반 노인에 비해 목표의식이 월등히 높다.

일하는 자는 삶의 질이 다르다

한국노인인력개발원 발표(2007)에 의하면, 은퇴를 앞둔 사람을 대상으로 조사한 결과, 비취업희망은 9.8%, 지속적인 취업희망은 90.2%로 조사되었다.

은퇴는 일생에서 중요한 사건으로 공식적으로 일에서 물러나는 동시에 새로운 역할을 수행하기 위하여 준비하는 단계로서 인생의 후반기를 성공적으로 맞이하기 위한 중요한 과업이라고 볼 수 있다.

은퇴 이후에도 사회활동을 계속하는 것은 경제적인 자립성을 주고, 나아가 신체·정신적 건강을 유지시킨다. 그러므로 일을 갖는 것은 삶의 질을 향상·유지하는데 중요한 역할을 한다고 볼 수 있다.

사람이 일하는 이유는 의식주를 해결하는 데 필요한 경제적 생활뿐만 아니라 사회·심리적 측면에서도 중요한 목적이 있다. 일을 통해 자아를 실현하며, 개인의 신체 및 정신건강을 향상시키는 심리적인 만족감 및 경제적 목적과 사회적 목적을 동시에 성취할 수 있다.

❖ 은퇴란 남의 일이다

지금도 현장에서 활동을 유지하는 분들이 있다.

먼저, 세계 최고령 승무원 베티 할머니이다.

그는 비행기를 처음 탔던 16살 때 승무원을 보고 반해서 바로 꿈을 정했다고 한다. 1957년에 입사했으니 할머니가 비행기를 탄 지 60년이다. 그사이 승무원들의 복장도 기내 풍경도 세월과 함께 바뀌었지만 할머니는 제자리에서 늘 묵묵히 역할을 다했다.

"비행기에 오르는 것이 정말 좋아요. 승객들을 알고 그들이 원하는 걸 알죠"라며 함박웃음을 짓는다. 60년 베테랑이지만 할머니는 여전히 일을 배우는 중이라고 말한다. "세월에 따라 업무환경이 바뀌는 탓에 항공사들은 끊임없이 진화해요. 우리도 같이 진화해야죠. 건강이 허락하는 한 비행을 계속하고 싶어요. 은퇴를 떠올리다가도 공항에 오는 순간 그런 마음이 사라져요."

베티 할머니는 자신의 일에 열정이 넘치고 행복해 보였다.

❖ 매일 출근하는 즐거움

국내 최고령 커리우먼 김옥라 할머니에게도 나이는 숫자에 불과하다.

할머니는 믿기지 않을 정도로 건강해 보였다. 게다 거의 하루 종일 컴퓨터로 일한다. 자판을 두드리는 손길이 경쾌했다.

좀 특이한 점이라면 컴퓨터 화면 앞에 이동식 대형 돋보기가 있다는 점이다. 필요할 때 이 돋보기의 높이를 조절하면서 화면 속 자세한 숫자나 사진을 관찰한다.

할머니는 지난해 이 자판을 두드려 책을 한 권 썼다. 올해도 쓰고 있다. 1918년생. 한국 나이로는 102살이다. 이제 살아 있는 친구들도 거의 없다.

다른 노인들이 이 나이까지 살아 있다면 지난 세월을 반추하며 불편한 몸을 원망하고, 시간을 무료하게 보내기 마련이다. 그런데 그는 아직도 사무실에 출근해 하루 7시간씩 근무한다. 하루 1시간 정도 산책하며 생각을 정리한다. 그것이 바로 삶을 충만하게 만드는 에너지였다. 그는 급변하는 세상에 뒤처지지 않기 위해 노력했다. 독서를 통한 자기 계발과 최근 작업방식 적극 수용이 그것이다.

아무리 '백세시대'라고 하지만 한 세기를 살아온 그는 손으로 쓰는 것보다 컴퓨터로 작업하는 것이 낫다며 컴퓨터를 다루고 있었다.

일은 건강한 사회적 욕구를 충족시키는 수단이 됨과 동시에 자기 계발의 기회를 제공하여 적절한 경제활동수준을 유지해줌으로써 전체적인 삶의 질에 활력과 생기를 준다고 할 수 있다.

특히 경제력은 삶에 막대한 영향을 미친다. 기본적인 의식주를 충족시켜주는 것은 물론, 긍정적인 안정감으로 타인에게 의존하지 않고 생활하게 한다. 또한 신체·정신적 건강 유지, 여가활동의 증진은 물론 지위와 자아유지, 사회참여를 가능하게 하여 노년기의 삶을 성공적으로 영위하는 중요한 요인으로 작용한다. 그러므로 행복한 삶을 위해서는 활동을 계속 유지해야 한다.

4차 산업혁명 시대의 직업 전망

4차 산업혁명으로 일자리가 감소할 것인지, 어떤 직업이 4차 산업혁명에 의해 영향을 많이 받고 어떤 직업이 덜 받는지, 수행하는 업무는 얼마나 변화할 것인지, 변화가 시작된다면 그 시점은 언제일지 그리고 4차 산업혁명에 대하여 어떻게 준비해야 하는지, 많은 사람이 어떤 일자리를 찾아야 할 것인지는 우리 모두의 관심사다. 젊은이들뿐만 아니라 기대수명이 늘어나면서 평생 하나의 직업으로 살 수 없는 시대가 되었다. 부모와 자식이 같은 일자리를 두고 경쟁하는 세상에 접어들었다. 따라서 냉정하게 현실을 받아들이고 변화하는 시대에 적응하기 위해서 꾸준히 자기 계발을 해야 할 것이다.

학부모가 상담을 받으러 왔다.

"우리 아이를 누가 키워야 할까요?" 심각하게 말을 이어갔다.

"일을 그만두고 싶지 않아요. 부모님들도 일하고 계시고…"

"그럼 어떻게 하시고 싶으신가요?"

"개인적으로는 우리 아이를 돌봐주시면 좋겠는데 어르신도 일을 사랑한다고 계속하신다고 하네요. 100세 시대 절반 왔는데 앞으로 절반은 건강이 어찌 될지 모르니 지금 열심히 벌어야 하지 않겠냐고."

냉혹한 현실이었다. 자신의 일을 포기하지 않는 모녀의 스토리.

맥락은 조금 다르지만 자신의 일을 두고 한치의 양보도 하지 않는 이것이 이젠 세대 간의 다툼이 아닐까 한다.

❖ 어떤 일자리를 찾아야 할 것인가?

새로운 신기술로 우리가 사는 세상은 많은 변화를 맞이하게 될 것이다.

이 중에서 가장 중요한 것은 결국 이 사회가 많이 요구하는 역할을 내다보고 이를 준비해야 한다는 것이다.

'사라지는 것이 있다면 생겨나는 것도 있다.'4차 산업혁명을 맞이하는 시점에 가장 와 닿는 이야기다. 새로 생기는 일자리는 무엇이며, 사라지지 않는 일자리는 무엇일까? 모두의 관심사이다. 50년 전에는 이렇게 컴퓨터 관련 일자리가 많이 생길 거라고는 상상도 못했을 것이다. 이처럼 미래 예측이란 간단하지 않다. 그렇기에 전문 기관들의 예측도 내용이 조금씩 다르다.

일자리가 감소할 것이라는 비관론을 펴는 미래학자이자 경영전략가인 피터 슈워츠는 '공통적으로 인류에게 필요한 기술들은 모두 발명, 혹은 발견됐고 정보기술의 발전은 과거 새로운 기술들과 같이 풍요로운 수준의 일자리를 만들어 낼 수 없다'고 전망했다. 그러나 피터 슈워츠의 주장과는 반대로 기술은 새로운 전환 단계에 들어섰고, 앞으로 수많은 신산업을 만들어 현재 존재하지 않는 다양한 직업들이 생겨날 것이다. 인공지능과 로봇의 발전과 함께 새로운 산업과 직업군이 등장함에 따라 오

히려 고용이 증대될 전망이다. 우리 앞에 전개되는 4차 산업혁명의 흐름
을 되돌릴 수 없다. 우리의 삶이 어떻게 바뀔지 남의 일처럼 지켜볼 수만
은 없다. 그래서 우리들의 행복을 위하여 할 일이 무엇인지를 4차 산업혁
명으로 언급되는 신기술을 통해 좀 더 깊게 알아볼 필요가 있다. 우리가
초점을 맞추어야 할 것은 그 기술에 대한 내용과 그 기술의 활용 영역,
이에 따라 익혀야 할 역량이다. 아래 제시되는 내용들은 대략적인 미래
사회에서 볼 수 있는 직업이다.

• 출처: 10년 후 대한민국 미래 일자리의 길을 찾다

인생 2막 행복한 꿈을 펼쳐라

> "꿈은 머리로 생각하는 것이 아니라
> 가슴으로 느끼고 손으로 적고 발로 실천하는 것이다."
>
> – 존 고다드 –

　꿈은 희망이며 이루고자 하는 목표이다. 자신이 바라는 희망이며 씨앗이다. 그래서 꿈은 꾸는 것이 아니라 가져야 하는 것이다. 어린이, 청소년 그리고 인생 후반부를 살아가는 많은 중년도 자신의 미래를 위해 희망이라는 인생의 꿈을 가졌을 것이다. 나이 들어 가져야 할 자신의 미래는 꿈을 꾸는 것이 아니라 꿈을 깨는 것이다. 특히 은퇴를 앞두고 그동안 자신이 하고 싶던 일들이 있었다면 이제는 그동안 계획해 왔던 그 꿈들을 실행에 옮길 준비를 해야 한다.

　10년 전 일본여행을 갔다. 식사하고자 식당에 들어가 의자에 앉자 백발할머니께서 물병을 들고 다가오셨다. 깜짝 놀라 나도 모르게 일어날 뻔했다. 그곳에서 일하시는 할머니, 할아버지였다. 일본은 이미 고령사회가 시작되었던 것이다. 미래의 우리 모습이겠구나 막연히 생각하면서도 심각성을 느끼지 못했다. 그런데 요즘 우리의 모습이다.

곳곳에서 꿈을 잊고 살았던 실버 세대들이 뒤늦게 자신의 꿈을 찾아 도전하는 사례가 늘고 있다.

오디션을 거쳐 선발된 60대 이상 시니어들이 삶의 애환을 풀어낸 뮤지컬 공연에 곱게 화장한 어르신들이 무대에 올랐다.

"사랑에 나이가 있나요?"

60세 이상으로 이뤄진 시니어 뮤지컬 단원들인데, 단체 공연에 이어 개인들도 하나씩 주옥같은 노래를 선보인다. 늦게나마 가슴 속에 품었던 꿈을 이루고자 나선 것이다.

"어서 오세요."

얼마 전 길을 걷다 예쁘게 꾸민 카페가 눈에 들어왔다. 발걸음을 멈추고 문을 열고 들어서는 순간 어여쁜 두 분이 바리스타 복장을 하고 환하게 인사하였다. 올해 70세라고 하셨다. 어떻게 이런 용기를 내셨냐는 물음에 은퇴 후 무엇을 할 것인가 고민하였고 커피를 마시며 바리스타에 관심을 갖게 되어 퇴직하고 시작했다고 하셨다. 처음에는 새로운 일에 도전하는 것이 두려웠지만, 앞으로도 긴 인생의 여정이 남았는데 그 자리에 머무른다면 우리가 할 일은 아무것도 없다 생각하였다고. 지금은 용기 내어 자매와 함께 꿈꿨던 일을 하고 자식한테 의지하지 않으며 경제활동 해서 좋다, 건강이 허락될 때까지 하고 싶다, 무엇보다 젊은이들과 소통할 수 있어 좋고 또한 일을 통해 자신이 살아 있음을 느껴 행복하다고 하셨다.

이처럼 새로운 직업을 찾아 '인생 2모작'을 꿈꾸며 도전을 통해 내면의 젊음을 찾는 시니어들이 늘고 있음을 실감한다.

'꿈은 도전하는 사람의 몫이다.'

스스로 알아서 깨고 나오면 병아리가 되지만 남이 깨서 나오면 프라이가 된다고 했다. 인간은 일과 함께 움직여야 하는 존재이다. 일은 인생에서 매우 중요한 의미를 갖는다. 삶에 대한 새로운 비전과 계획이 있다면 당신의 인생을 멋지게 만들어 줄 것이다.

꿈도 종류가 있다. 어린이들이 꾸어야 하는 미래를 향한 꿈도 있지만 퇴직을 앞두거나 은퇴한 세대는 그동안 하고 싶었지만 하지 못했던 과거의 꿈도 있다. 늦었다 생각될 때가 출발점이라고 말한 이도 있다. 꿈은 인간의 생각을 평범한 것에서 위로 끌어 올려주는 날개이다.

'맹인으로 태어난 것보다 더 불행한 것은 시력은 있으나 꿈이 없는 인생이다.'

> 돈이 없고 환경이 어려운 사람이 불쌍한 사람이 아니다.
> 아무런 꿈도 없이 세상의 물결 따라서 표류하는 인생이 진실로 불쌍한 존재다.
> 시험과 장애물이 앞을 가로막을지언정 꿈이 있는 사람은 그곳에 머물지 않고 꿈을 이루기 위해 달려가게 된다.
> 꿈이 이끌어 가는 인생은 환경과 관계없이 늘 기쁘고 흥분된 마음을 가지고 살게 한다.
> 이것이 꿈을 가진 자들만이 누릴 수 있는 특권이다.
> 꿈을 이루기 위해서는 반드시 대가를 지불해야 한다.

> 그러나 꿈이 있는 자는 좌절하거나 물러서지 않는다.
> 당신의 성공과 행복은 당신 안에 있으니 행복하게 지내기로 결심하고 찾으라.
> 그러면 기쁨과 함께 어려움에 정복당하지 않는 무적의 주인이 될 것이다.
>
> **- 헬렌켈러 -**

'스스로 행복하다고 생각하지 않는 사람은 행복하지 않다'라는 말이 있다. 행복한 사람이 세상을 바꾼다. 세상을 바꾸고 싶다면 먼저 자기 자신이 먼저 행복해야 한다.

〈10년 후〉의 작가 그레그 레이드는 "꿈을 날짜와 함께 적어 넣으면 목표가 되고, 목표를 잘게 나누면 계획이 된다. 계획을 실행에 옮기면 비로소 꿈이 현실이 된다"고 했다. 꿈은 명확하게 글로 써서 구체화하는 것이 매우 중요하다.

꿈에서 깨어난다는 것은 생각에 머물지 않고 실행의 첫발을 내딛는 것과 같기에 자기다움을 만들어갈 수 있고 자신의 행복을 찾게 한다. 자신이 가지고 있는 잠재적 끼를 살릴 길을 제공하기 때문이다. 이렇게 하려면, 제발 꿈에서 깨어나 자기다움을 찾아야 한다. 꿈을 품고 뭔가 할 수 있다면 그것을 시작하라. 새로운 일을 시작하는 용기 속에 당신의 천재성과 능력과 기적이 숨어있다.

행복한 삶의 비전을 정립하여 꿈을 꾼다면 당신 안에 숨어있던 잠재력을 무한대로 끌어올려서 당신의 가치를 빛나게 하여 당신 삶에 행복이 넘쳐날 것이다.

"내일은 좀 더 나은 내가 되자."

외치며 여러분의 행복한 인생 2막을 응원한다.

[참고문헌]

* 〈은퇴준비와 은퇴 이후의 생활세계 연구〉, 김순애

* 〈10년 후 대한민국 미래 일자리의 길을 찾다〉(2017), 미래창조과학부

* 〈4차 산업혁명과 미래직업〉, 이종오

* 〈은퇴! 후에도 나는 더 일하고 싶다〉, 최재식

* 〈헬렌켈러 자서전〉, 헬렌켈러

14장

액티브 시니어의 웰에이징

한정선

- 한국시니어플래너지도사협회 교육이사
- 이화여대 평생교육원 시니어플래너지도사과정 강사
- 시니어플래너지도사/액티브시니어지도사
- 다중지능개발 특강강사
- 브레인 에듀 대표

액티브 시니어의 건강 관리법

요즘 100대 시대에 사는 우리는 무엇보다도 행복하면서 건강하게 오래 사는 것을 희망한다. 병상에 누워서 오래 사는 것을 원치는 않을 것이다. 그래서 웰에이징 즉, 건강하게 잘 나이 들어가는 것에 관심이 많다.

질병에 걸리지 않으려면 그 원인을 알고 대처해야 한다. 질병의 원인은 유전적인 것 10%, 생활습관이 90%나 차지한다. 물, 음식 섭취, 운동, 수면 상태, 자세, 음주, 흡연 등의 생활습관이 몸을 건강하게 만들기도 하고 질병을 유발하기도 한다.

❖ 물 마시기

물은 하루에 얼마나 마시는 게 좋을까?

대체적으로 하루에 2ℓ의 물을 마시면 좋다고 생각하지만 몸무게에 따라 수분섭취량은 달라진다. 몸무게에 30%에 해당하는 물을 마시는 것이 보다 이상적이다.

예를 들면 60킬로x30%=1.8L가 나온다.

덩치가 큰 남성과 날씬한 여성의 수분 섭취량은 달라지는 것이다.

또한 물을 먹는 타이밍이 중요하다.

- 음식 먹기 30분 전
- 목이 마를 때
- 식사 후 2시간 지난 뒤
- 아침에 일어나자마자 미지근한 물
- 운동하기 전(땀의 배출을 돕는다.)

❖ 컬러푸드 먹기

1. **붉은색 푸드** – 리코펜 성분이 심혈관질환을 개선하고 암을 예방한다.
2. **보라색 푸드** – 안토시아닌 성분이 노화방지, 혈액순환 개선, 인지 능력을 향상시킨다.
3. **흰색 푸드** – 알리신 성분이 면역력을 향상시키고 심장질환을 예방 한다.
4. **검정색 푸드** – 클로로겐산 성분이 혈당수치를 안정화시키고 암을 예방한다.
5. **녹색 푸드** – 클로로필이란 성분이 간세포를 재생시킨다.
6. **오렌지색 푸드** – 베타카로틴 성분이 면역력을 향상시키고 안구질환 및 피로예방에 탁월하다.

식탁 음식의 컬러가 화려할수록 건강한 식단이다. 간단한 인스턴트 음식보다는 싱싱한 채소를 먹음으로써 건강을 유지할 수 있다.

❖ 체온 유지하기

스트레스는 저체온을 유발한다. 그러므로 그때그때 스트레스를 날려 버려야 하고 소식해야 한다. 과식하게 되면 혈액이 위장에 집중하면서 다른 장기는 저체온이 되기 때문이다. 예전부터 배를 따뜻하게 해야 한다는 사실은 상식이다. 반식욕이나 족욕을 통해 체온을 올릴 수 있다. 또, 충분한 휴식과 수면은 체온을 상승시킨다. 체온이 1도 오르면 면역력이 5배 증가한다.

❖ 운동하기

주 3회 30분 이상 운동을 해야 건강하다고 알려져 있지만 실천이 어렵다. 헬스클럽에 회원 등록을 해놓고 한 달에 몇 번 못 가면 너무 아깝다는 생각에 그다음은 아예 등록도 안 하는 사례가 많다. 그렇다면 틈새 시간을 이용해 운동해보자.

집에서 트레이닝하는 것을 '홈 트레이닝'이라고 하는데 매트리스 하나 사놓고, 아령이나 기타 운동기구를 구입해서 틈틈이 TV 보면서 늦더라도 운동을 하는 것이 더 효율적일 것이다. 하루 10분 운동만으로도 건강수명이 5년 늘어난다고 하니 꼭 실천하는 게 중요하겠다.

나는 수영한 지 10년 정도 되는데 관절에 무리가 없고 심폐기능을 강화해주고 자세도 교정해준다. 물이 주는 진정효과도 크고 유연성과 스트레스 완화에 좋아서 꾸준히 하고 있다.

액티브 시니어의 피부 관리법

❖ 피부 유형

✱ 중성 피부

– 중성 피부는 가장 이상적인 피부이며 충분한 수분과 피지를 갖고 있다.

– 부표면이 매끄러우며 부드럽다.

– 화장이 잘 받으면서 지속력 또한 좋다.

– 세안 후 당기거나 번들거리지 않으며 피부 결이 섬세하고 모공이 미세하다.

· 관리방법

– 규칙적인 기초손질을 지속적으로 한다.

– 가끔 피부가 거칠어지고 건조해질 시에는 에센스를 수시로 바른다.

– 팩은 1주일에 1~2회 정도 한다.

✱ 건성 피부

– 유연성이 부족하여 화장이 들뜨고 얇아 피부의 유분량과 수분

량이 적어 건조함을 느끼는 피부다.

- 질층의 수분부족으로 피부에 줄이 생기기 쉽다.
- 세안 후에 아무것도 바르지 않으면 당긴다.
- 피부에 윤기가 없어 항상 긴장되어 있으며 주름 발생이 쉽고 노화현상이 빠르다.

· **관리방법**

- 화장수는 알코올 성분이 적은 것을 사용한다.
- 아이크림을 아침과 저녁에 꼭 발라 건조로 인한 주름을 예방한다.
- 잦은 세안과 세정력이 강한 제품은 피하며 미온수로 세안한다.
- 팩은 일주일에 2~3회 정도 한다.

❋ **지성 피부**

- 과도한 피지 분비로 인하여 피부에 트러블이 발생하기 쉽고 화장이 잘 받지 않으며 쉽게 지워진다.
- 여드름과 뾰루지가 잘 생기며 피부가 거칠고 모공이 넓다.
- 피부색이 전체적으로 칙칙하며 모세혈관이 확장되어 있다.

· **관리방법**

- 지성 피부용 비누로 하루에 2~3회 세안한다.
- 세안 마지막에는 찬물로 모공을 수축한다.
- 팩은 일주일에 2~3회 정도 한다.

노화란?

시간이 흐름에 따라서 생체조직이나 세포, 기관 등 생체 전반에서 쇠퇴하거나 무기력 등이 나타나는데 이러한 현상을 일반적으로 노화 또는 노화현상이라고 한다.

❖ **노화에 따른 눈가 주름 관리**

✽ **눈가 주름의 특징**

- 표피의 두께가 얇다.
- 피지, 땀의 분비가 거의 없다.
- 진피 콜라겐, 엘라스틴 등의 결체조직이 얇고 엉성하다.
- 하부에 골격조직이 없어서 늘어지기 쉽다.
- 혈관, 신경의 분포가 많다.
- 움직임이 많다.

✽ **눈가 주름 예방 마사지법**

1. 정면을 보고 얼굴에 힘을 뺀 후 중지와 검지로 눈머리와 눈꼬리를 고정한다.

2. 숨을 들이마신 후 눈을 최대로 위로 뜨고 5초간 정지한다.

3. 눈을 편안하게 감은 상태에서 눈머리와 눈꼬리를 양쪽 검지와 중지로 펴준 다음 고정한다.

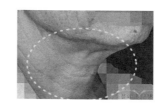

❖ 노화에 따른 목주름 관리

✽ 목주름의 특징

- 목 앞에 위치한 목뿔뼈와 후두가 아래로 쳐지면서 턱과 목이 이루는 각도가 편평해지는 현상
- 반복적인 근육의 움직임, 근육의 처짐, 턱과 턱 끝 부위의 지방 축적
- 피부 노화로 인한 처짐, 탄력 소실
- 유전적인 경향, 자외선 등도 영향

✽ 목주름 예방법

1. 기초화장을 할 때 얼굴만 하지 말고 습관적으로 목선까지 한다.

2. 많은 양이 필요한 것은 아니지만 꾸준히 하다 보면 목선 주름과 탄력이 어느 정도는 펴지는 효과가 있다.

3. 얼굴과 목선이 너무 차이 난다면 지금부터라도 당장 실천하는 것이 좋다.

❖ 얼굴마사지의 효과

1. 얼굴 전체적으로 자극을 주게 되어 혈액순환에 탁월한 효과
2. 손가락 끝을 이용해 피부 속 깊은 곳까지 압력을 가해주기 때문에 피부 깊숙이 쌓인 노폐물을 제거
3. 피부 결 역시 매끄럽게 만들어 줌
4. 지압을 통해 얼굴의 윤곽과 라인을 잡아줄 뿐만 아니라, 부어있는 얼굴의 부기를 가라앉혀 갸름한 효과
5. 다크서클을 완화

일상생활 속 피부 관리법

1. 필링 제품은 일주일에 한 번!
- 겨울철에 피부가 건조해지다 보니 여성분들이 클렌징폼이나 필링제품들을 많이 이용한다. 하지만 지나친 사용은 피부를 더욱 건조하고 안 좋게 만드니 일주일에 한 번씩만 사용하는 것이 바람직하다.

2. 세수는 미온수로!
- 뜨거운 물은 유·수분막을 손상시키며 모공을 넓게 한다. 미지근한 물을 이용해 손가락으로 마사지하듯 문지르며 세수하면 트러블도 방지되고 모공도 깨끗해진다. 세수한 뒤에 로션으로 충분히 수분 공급을 해주는 것도 중요하다.

3. 자외선 차단제는 필수!
- 밖을 돌아다닐 때 자외선 차단제는 무조건 필수다. 요즘에는 끈끈하지 않은 타입의 로션 제형으로도 많이 나와 있어 자신에게 맞는 유형을 적합하게 찾아볼 수 있다.

얼굴주름으로 알 수 있는 오장육부의 상태

심장 기능이 저하된 사람은 눈가의 주름이 많이 생기며 간 기능이 저하된 사람은 콧등에 주름이 쉽게 생긴다.

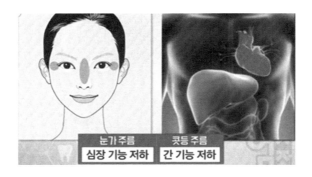

폐나 방광 기능이 저하된 사람은 이마에 주름이 쉽게 생긴다.

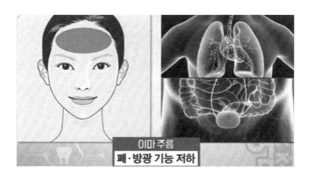

어깨 순환이 좋지 않은 사람은 목에 주름이 쉽게 생긴다.

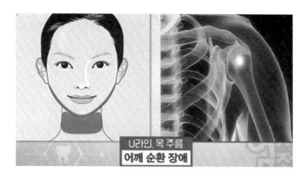

신장 기능의 저하나 변비, 하체부실의 경우 팔자주름이 생길 수 있다.

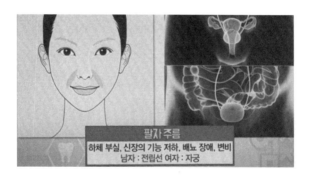

몸을 건강하게 하는 손 지압법

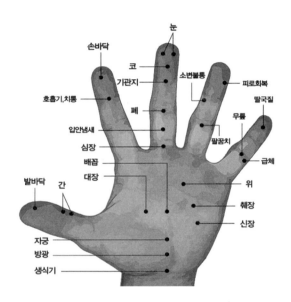

신체의 불편한 곳의 지압점을 자극 함으로써 건강을 지키는 데 도움
을 줄 수 있다.

"사람이 사람답게 사는 것을 웰빙(well-being)이라고 하고,
사람이 사람답게 죽는 것을 웰다잉(well-dying)이라고 한다.
그리고 사람이 사람답게 늙는 것을 웰에이징(well-aging)이라고 한다."

우리는 나이가 들면서 변하는 것이 아니라 보다 자기다워진다.

보다 자기다워지기 위해서는 더욱 자기 자신의 몸과 정신을 잘 관리하여 지켜나가고 발전시켜야 한다.

[참고문헌]

* MBN 〈엄지의 제왕〉

나를 찾는 여행!

액티브 시니어 4

펴낸날 2019년 4월 15일

지은이 김대정, 김선주, 강정은, 김영숙, 류창희, 이미숙, 이서정, 이순월, 이영애, 임상님, 정해
선, 정혜숙, 최화자, 한정선
펴낸이 주계수 | **편집책임** 이슬기 | **꾸민이** 유민정

펴낸곳 밥북 | **출판등록** 제 2014-000085 호
주소 서울시 마포구 양화로 59 화승리버스텔 303호
전화 02-6925-0370 | **팩스** 02-6925-0380
홈페이지 www.bobbook.co.kr | **이메일** bobbook@hanmail.net

© 김대정, 김선주, 강정은, 김영숙, 류창희, 이미숙, 이서정, 이순월, 이영애, 임상님, 정해선, 정혜
숙, 최화자, 한정선, 2019.
ISBN 979-11-5858-538-9 (03190)

※ 이 도서의 국립중앙도서관 출판시도서목록(CIP)은 e-CIP 홈페이지(http://www.nl.go.
kr/cip)에서 이용하실 수 있습니다. (CIP 2019013082)